W0310082

NUITS D'ENCRE

FRANÇOISE REY

NUITS D'ENCRE

FRANCE LOISIRS
123, boulevard de Grenelle, Paris

Une édition du Club France Loisirs, Paris,
réalisée avec l'autorisation de Spengler Editeur

Le Code de la propriété intellectuelle n'autorisant, aux termes des paragraphes 2 et 3 de l'article L. 122-5, d'une part, que les « copies ou reproductions strictement réservées à l'usage privé du copiste et non destinées à une utilisation collective », et, d'autre part, sous réserve du nom de l'auteur et de la source, que les « analyses et les courtes citations justifiées par le caractère critique, polémique, pédagogique, scientifique ou d'information », toute représentation ou reproduction intégrale ou partielle, faite sans le consentement de l'auteur ou de ses ayants droits ou ayant cause, est illicite (article L. 122-4). Cette représentation ou reproduction, par quelque procédé que ce soit, constituerait donc une contrefaçon sanctionnée par les articles L. 335-2 et suivants du Code de la propriété intellectuelle.

© Spengler éditeur, Paris, 1994
© Françoise Rey, 1994
ISBN 2-7242-9631-1

NUIT DE NOCES

Le garçon d'étage s'est retiré discrètement, et nous avons pu regarder à loisir cette chambre sombre, haute de plafond, qui sentait l'encaustique et le feu de bois. Une chambre qui ne ressemblait en rien à l'idée que je me faisais de la classique chambre d'hôtel. Tu t'es tourné vers moi avec une fierté attendrissante :

— C'est un des plus beaux palaces de Bruges !

— Je m'en doute... Tu as très bien fait les choses.

— Chacun son rôle : tu as choisi la ville, j'ai choisi le nid. Il te plaît ?

— Je serais difficile ! On dirait du Baudelaire... « Des meubles luisants, polis par les ans, les riches plafonds, les miroirs profonds... » Tout y est...

— Même les canaux, ma chérie, même les canaux ! Viens voir...

Et tu as ouvert les rideaux. Je t'ai rejoint devant l'immense fenêtre, un peu étonnée :

— Tu connais ça, toi, l'« Invitation au voyage » ?

— On peut ne pas être étudiante en lettres, et avoir

lu Baudelaire, non? D'ailleurs, je connais beaucoup de choses de Baudelaire...

— Ah oui? Récite un peu, pour voir?

— Qu'est-ce que c'est que cet air malicieux? Oui, je t'en réciterai, mais pas comme ça, à froid. Il faut que je sois inspiré. Quand je le sentirai...

— Et quand je « le » sentirai, moi? Tu réciteras, à ce moment-là? Je te préviens, je vais rire. On court encore à la catastrophe!

— Quel esprit bassement matérialiste! Je commence à me rendre compte de l'ampleur du désastre : je viens d'épouser la femme la plus triviale qui soit... Tu dépoétises vraiment tout! Même Baudelaire, tu le dépoétises...

— Mille pardons, Monsieur, je vais faire un effort : votre main gambade sur le bas de mon dos comme cabri en prairie pascale. Ça te va, ça?

— Et toi, ça te va, ce paysage? Tu as vu, exactement ce que tu voulais : il pleut des seaux, c'est tout gris et froid, tu es contente?

— Je suis plus que contente : je suis presque heureuse.

— Presque?

— Presque.

— Et... Que faudrait-il pour que tu le sois tout à fait?...

— Ah, ça, ça dépend de toi...

— Lourde responsabilité, en vérité... Tu crois que je vais être à la hauteur?

— Tu parles de quoi? De tout à l'heure ou de toute la vie?

— Des deux.

— Alors, je vais te dire : il le faudra bien, parce que désormais mon bonheur ne veut plus dépendre que de toi.

— Tu vois, ça me coince un peu, ce que tu me dis... C'est... très gentil...

— Très gentil !... Pfff !...

— Attends, laisse-moi finir. Très gentil, oui, très flatteur, mais aussi assez vertigineux. Je n'ose plus bouger, j'ai l'impression que tout aura de l'importance...

— Mais tout en aura...

— Et bien justement, il ne faudrait pas. Je veux avoir le droit de me tromper, d'être idiot, d'être maladroit, sans que ça prenne des proportions épouvantables. C'est pour ça que je voulais t'emmener au soleil, n'importe où dans un pays au bord de la mer, avec des cocotiers et du sable. Quand il fait chaud, le jour et la nuit, tout est plus facile, plus léger. Mais... ici, cette pluie, cette grisaille, ce plat partout... Le moindre mot va rebondir dans le silence de ces meubles sinistres, non? Voilà, ces meubles, ils me mettent mal à l'aise...

— Ecoute, mon amour, écoute. Prends-moi dans tes bras, là, bien fort, et écoute-moi. D'abord, ne revendique pas de droits. Tu es mon mari depuis quelques heures, et ça ne te donne pas de droits, seulement des devoirs... Quant à être idiot et maladroit, j'y compte bien, c'est le premier de tes devoirs. De même que cette espèce de timidité... non, ne souris pas, ça s'appelle bien comme ça, cette espèce de timidité qui te tombe dessus avec le silence de ces murs. Je t'en suis infiniment reconnaissante, de cette timidité-là, parce que j'éprouve exactement la même, en pire, sans doute... Mais je n'aurais pas voulu, pour la nuit qui va venir, et pour celles qui suivront, la chaleur et la plage, parce que je les aime trop, et que j'aurais été capable de te négliger un peu pour elles...

— Non? Tu aurais fait ça?!!!

— Peut-être, oui. Non pas que tu n'eusses pas été de taille à rivaliser... Mais j'aurais été moins attentive à notre climat, moins concentrée, j'aurais bâclé peut-être pour courir au soleil, j'aurais piaffé d'impatience à notre fenêtre, le matin, et tous nos mots se seraient perdus dans le bruit des vagues. Moi, j'aime qu'ils résonnent, ici. Nous avons quelque chose d'important à faire, et je veux le faire avec tout mon cœur. Tant mieux s'il pleut et si c'est tout plat. Tu seras mon seul soleil, mon seul relief... Au soleil, on ira plus tard, pour oublier des soucis, se changer les idées. Or, mes idées, elles sont toutes neuves, pas besoin de les changer, et de souci, je n'en ai qu'un, un gros, un de taille, et je ne veux pas l'oublier, voilà.

— Eh bien! Eh bien! Ça, c'est décidé, au moins! Alors viens là, viens un peu sur mes genoux et raconte-moi ce gros souci, dis-moi, je t'écoute.

— Tu sais bien...

— Oui, bien sûr que je sais. Mais j'aimerais bien que tu me le dises quand même... Je n'exige rien, je demande. C'est mon devoir, de te confesser un peu, de t'obliger un peu à parler. On n'est que tous les deux, et je peux tout entendre. Alors, vas-y, montre-moi comme les mots résonnent bien, ici, comme ils deviennent précieux...

— Voici : on a rassemblé la famille, on a dit oui

devant le maire, on a fait la fête, on est mariés. Seulement, je ne me sens pas tellement ta femme. Je crois que... Pardonne-moi, je crois que le plus gros reste à faire. Et comme tous les essais tentés jusqu'à présent n'ont pas été très concluants, je m'inquiète un peu... Si jamais ça ne marchait pas mieux, dis?

— Mais bien sûr que si, ça va marcher! Tu vas voir, on va s'appliquer très fort, tous les deux. On n'a jamais été dans de très bonnes conditions, jusqu'à maintenant, non? Toujours bousculés...

— Surtout moi!

— ... Toujours pressés...

— Surtout toi!...

— Oui, je reconnais, mais toi, tellement crispée aussi...

— J'avais l'impression d'enfiler une chaussure trop petite, c'est dur de se détendre dans ces conditions...

— Moi aussi, j'avais cette impression-là. Sûrement autant que toi...

— Oui, mais toi, ça te faisait visiblement plaisir!...

Et tandis que nous nous chamaillions un peu, tendrement ironiques et désireux de faire durer encore cette exquise camaraderie amoureuse qui retient parfois les amants les plus fougueux au bord du lit où ils s'affronteront avec une ardeur presque hostile, j'ai revu la petite chambre de nos rendez-vous, que me prêtait parcimonieusement une fille de la fac. Combien de fois nous y étions-nous retrouvés, toi, rencontré par un drôle de hasard en ma ville et qui habitais loin, et moi, encore tout empêtrée de hantises, de tabous, obsédée par une culpabilité de chaque instant, paralysée par une inexpugnable maladresse de jeune fille moderne, qui croit que la libération, c'est quitter sa culotte en tremblant? J'avais du plaisir à être avec toi, à parler avec toi, à marcher avec toi, jamais à faire l'amour avec toi. Au bout de la quatrième tentative, je crois, lassée par notre manque d'harmonie, ta précipitation solitaire et chaque fois désappointée, et la douloureuse indifférence que mon corps te manifestait, j'ai cherché une phrase gentille pour te dire que je ne voulais plus te revoir. Encore meurtrie par ton essai trop tôt conclu, j'ai murmuré : « C'est dommage. Je t'aurais peut-être demandé en mariage...

— Je n'aurais peut-être pas dit non... »

Quel diable m'a poussée, quelle curiosité, quel pressentiment soudain que tu étais l'homme de ma vie et moi la femme de la tienne? J'ai poursuivi : « Tandis que maintenant?... » Et tu as répliqué : « Demande toujours... »

La bizarre et courte période de nos fiançailles n'avait été qu'un tourbillon de problèmes matériels à régler, de dates à fixer, de rapides présentations dans nos familles respectives qui, intriguées par l'urgence soudaine de l'événement, lorgnaient mon ventre en croyant y déceler la cause soudaine de notre hâte. Nous n'avions plus couché ensemble. J'avais désiré sauver ce qu'il me restait de virginité pour te l'offrir en cadeau de mariage, pour me l'offrir aussi, et tu avais bien voulu respecter cet étrange pacte qui faisait, de la piètre maîtresse que j'avais été, une chaste et fervente promise, et nous permettait, en plein xxe siècle et au lendemain de la grande révolution de 68, de fantasmer sur notre nuit de noces...

Parfois, un terrible doute me traversait l'esprit, et je me penchais à ton oreille n'importe où, chez le médecin, lors de notre visite, ou chez l'imprimeur de notre faire-part : « Et si ça ne marche pas mieux ? » Tu prenais un air très sûr, très convaincu, le coin de la bouche comiquement pincé, les sourcils froncés : « Ça marchera ! »

Et voilà que ce crépuscule de novembre qui envahissait lentement la pièce chaude, étouffée de tentures lourdes, me trouvait pressée contre toi, assise sur tes genoux, un bras à ton cou, inquiète soudain à pleurer, et désireuse de t'aimer si fort...

— Quel gros soupir ! plaisantas-tu. Tu n'es pas bien, là, avec moi, au chaud ? La nuit tombe, dehors, et ici, il y a un bon feu...

— « Douceur du soir, douceur de la chambre sans lampe...
Le crépuscule est doux comme la bonne mort,
Et l'ombre lentement qui s'insinue et rampe
Se dilue en volutes au plafond... Tout s'endort... »

— Eh ! Je ne veux pas dormir, moi ! C'est de qui, ce truc mortuaire ?

— Georges Rodenbach... Un Belge, tu vois, comme par hasard. J'ai toujours beaucoup aimé cette poésie... Et ce soir, on dirait qu'elle est faite pour nous.

— C'est à cause de Rodenbach que tu as choisi Bruges ?

— Non, pas vraiment...

— Ah bon, j'aime mieux, parce que je serais facilement jaloux...

— D'un poète?

— D'un poète!

— Mais tu sais bien que je dépoétise tout...

— Ah! Ça suffit! De l'ironie, maintenant? Femme, je vais te châtier!...

Et tu t'es levé d'un bond, sautant sur cette petite occasion de rien du tout pour secouer brutalement le sournois engourdissement qui m'amollissait dans ta bonne chaleur. Tes yeux brillent tout à coup, tu piaffes, tu me soulèves et m'attires à toi par les poignets. La tête renversée, je bois sous ta bouche impérieuse ton souffle, la ferme douceur de tes lèvres, et je ne sais plus bien où tu t'arrêtes et où je commence. Ta main gauche me tient toujours, la droite s'insinue sous mon pull-over avec une belle audace, et ton corps se fait lourd contre le mien. Oh oui! Tu seras mon seul relief, mais ta culminence m'épouvante déjà... Tu vas encore faire le diable et te déchaîner tout seul... Pas ce soir, s'il te plaît! Au prix d'un gros effort, je m'arrache à tes bras.

— Non, non, attends, tu sais ce que tu as promis?

— Oui, mais toi aussi, tu as promis...

— Alors, on essaye, mais ensemble. Ne me laisse pas derrière.

— Je vais faire tout ce que je peux. Etre très doux, très sage...

— Très patient?

— Très patient...

— Donc, on ne se couche pas. Ça ne me vaut rien

d'être couchée. J'ai l'impression que ça me rend trop passive.

— A tes ordres. Tu veux quoi? Le guéridon, le coffre, la table de toilette?...

— Non, non arrête, ne te moque pas. On reste là, dans le fauteuil. Enfin, moi, dans le fauteuil. Je m'y sens bien. Et toi, là, là devant, viens...

Spontanément, tu t'es mis à genoux à mes pieds. Je t'aime pour ta gentillesse, pour ton impétuosité jugulée, pour ta bonne volonté de nouveau mari attentif et charmant. Tu vas voir, je vais être très coopérative, moi aussi...

— Caresse-moi les jambes, s'il te plaît, j'adore ça...

— Là, comme ça, à travers tes collants?

— Hum! Oui, comme ça, c'est délicieux... Les pieds! Pense aux pieds!

— Les pieds! Bien, les pieds.

— Et puis tu remontes, le long des mollets, jusque derrière les genoux...

— Jusque derrière les genoux, bien...

— Et devant aussi. Sur les genoux. Le rond de la rotule. C'est presque intenable.

— Et là? Je peux, là?

— Oui, tu peux, mais pars chaque fois d'un peu plus bas pour monter toujours plus haut...

— Tu sais qu'on va y arriver, là?

— Pas tout de suite, pas tout de suite, c'est trop bon...

— D'ailleurs, si tu portais des bas, on y serait peut-être déjà...

— Des bas! A mon âge! Quand je serai une mémé

de trente-cinq ans, oui, peut-être, pour tâcher de t'exciter encore...

— Mais il n'y a pas d'âge pour porter des bas...

— Si, il y a un âge, et un statut. Moi, je suis ta femme, alors je mets des chaussettes de laine à pompons, si je veux...

— Malheureuse ! Ne fais jamais ça... Tu me perdrais ! Pense que, toi aussi, tu n'as aucun droit, que des devoirs...

— Et j'ai le devoir de porter des bas?

— Tu as le devoir de me plaire toujours, de m'émoustiller, de me faire bander...

— Oh ! ça, pour l'instant, tu te contentes de mes collants, j'ai l'impression !

— Mais c'est qu'elle me touche ! Avec le pied, encore ! Tu n'as pas honte?

— Honte, non, mais peur, un peu...

— A cause?

— A cause de la chaussure trop petite...

— Encore cette histoire de chaussure !... Mais c'est fou de s'embêter comme ça pour une chaussure ! D'abord qu'est-ce qu'une chaussure, dans la vie?

— T'arrête pas de me caresser ! C'est très important, une chaussure : regarde Cendrillon ! D'ailleurs, quand on se marie, on dit qu'on a trouvé chaussure à son pied...

— Bien sûr, mais une chaussure, une bonne chaussure, s'entend, ça se prête, ça se fait au pied, ça n'est jamais trop petit...

— Si ! Prends les sœurs de Cendrillon, elles n'ont pas pu l'enfiler, la chaussure !

— Oui, mais elles étaient moches. Ma chaussure à

moi non plus, elle n'irait pas aux sœurs de Cendrillon. Mais à toi, elle va t'aller comme un gant, ma chaussure, tu vas voir !

— Tu crois ?

— Mais oui...

— Depuis tout à l'heure, je la sens tellement... Enfin tellement...

— Ttt... Ttt... Ttt... L'essentiel, c'est de bien préparer le pied. Soulève les fesses, enlève tout ça !

— Oui, mais tu recommences à me toucher les jambes, alors, autrement, c'est tout perdu...

— Je recommence, je recommence... Voyons, recommençons. Le talon, la cheville...

— Ah ! ça chatouille !

— Le mollet, le genou, derrière, devant, la cuisse...

— Oh ! dis, tu exagères, ce n'est pas la cuisse, ça !

— Tu crois ? Ah ! je me disais aussi... Reprenons : le genou, les deux genoux, les cuisses, très très doux, l'aisne, les aisnes, c'est comme ça qu'on dit ? les aisnes encore plus doux... Ah ! Ça t'ouvre, hein, ça t'ouvre, là ?

— Aïe ! Brute, si ça m'ouvre, tu n'es pas obligé de poignarder la serrure !

— Pardon pardon, j'essaie encore, tout doucement, je vais amadouer cette serrure, je vais mouiller mon doigt avec ma langue, là, voilà, petite serrure, fais-moi un sourire, dis-moi que tu m'aimes...

— Attention, tu la malmènes encore un peu...

— Dis donc, j'ai l'horrible impression que ton clito me fait la gueule. Il ne serait pas un peu grognon, par hasard ?

— Lui ? Mais c'est l'être le plus affable du monde ! Il faut être courtois, c'est tout !

— Comment ? Montre-moi...

— Comme ça, regarde, gentiment, tu vois ? Ça y est, il est sorti de sa coquille, va, donne ton doigt, doucement, hein ? Là, tu le sens ?

— Ah ! oui ! ah ! oui ! que je le sens...

— Doucement, n'est-ce pas ?

— Très très doucement... Si j'allumais la lampe, pour te voir ?

— Je mourrais de confusion...

— Oui, fais ça pour moi, meurs de confusion, je crois que je vais adorer...

— Moi aussi, je veux te voir.

— Moi, à la confusion, je vais peut-être lui survivre...

— Ça, je le sais bien, pardi, que tu es un exhibitionniste...

Tu t'es levé pour allumer une grosse lampe de chevet, à l'abat-jour pompeux et sombre. Sa lumière était douce, un peu rose. Le contour de ton grand corps s'est découpé sur ce halo diffus, intime. Tu as déboutonné ton pantalon, et ta silhouette de gentil faune, que devançait une virilité têtue, est revenue s'agenouiller à mes pieds.

J'ai eu envie de toi, à ce moment-là, envie de fourrager dans tes boucles brunes, de respirer l'odeur de ton cou, de te prendre dans mes bras, dans mes jambes, et de serrer très fort. Tu as enserré mes deux jambes réunies, as embrassé mes genoux à petits baisers sonores, y as caressé ta joue, et puis tu as demandé :

— Tu quittes ta jupe?

— Et toi, ton pull?

— Et toi le tien?

— Ton pantalon? Ta chemise? Tes chaussettes?...

— Attends, attends! Et toi, le caraco, là, tu l'enlèves?

— Non, pas le caraco!

— Et pourquoi?

— Ça me tient chaud, ça me protège. Je ne veux pas être toute nue...

— Si, toute nue! Je veux de la chair fraîche! Je suis un ogre, je vais te manger toute crue!

— Non, non! Pas les oreilles! Arrête! Arrête! Je vais hurler!

— Hurle!

— Aaaah! Au secours! Au sadique! Au satyre!

— Personne ne viendra, personne! On n'entend rien, dans ces vieilles maisons. Et puis, ils savent que c'est notre nuit de noces...

— Et alors? On se fait manger les oreilles, pendant sa nuit de noces?

— On se fait tout manger, tout, tout!

— Oh! Quel horrible fouineur! Tu pourrais demander la permission pour...

— Permission, rien du tout, c'est à moi, maintenant!

— Alors prends en soin, Aïe! Pas les dents! Mais il m'arrache les poils, ce fou!...

— Hum! Tu es chaude, odorante et... et toute mouillée, ma parole!...

— Bien sûr, tu me lèches!...

— Ah pardon, pardon, ce n'est pas de la salive, ça!... Ça, ce n'est pas de la salive... C'est un fléchage, une crème à cirer les chaussures, je m'y connais un peu... Tu sais quoi? Viens, viens au bord du fauteuil, viens encore, encore plus près. Voilà! Installe-toi bien, viens, desserre-toi un peu, écarte-toi... On va essayer la chaussure, tu veux? Juste, juste la pointe... Si, tu verras, ça va être bien. Moi, je ne bouge pas, c'est toi qui viens, à ton rythme; moi, je fais semblant de rien, je caresse tes seins à travers la soie, et ta taille, tes hanches, je ne m'aperçois de rien. Je ne suis pas concerné. Toi, tu t'enfiles tout doucement, je te le jure, je ne bouge pas d'un poil, et tu te touches aussi, en même temps, parce que j'y arrive pas trop bien... Hein? On essaye?...

Tu étais très drôle, rigide et concentré, les yeux fermés, les paupières serrées, avec une marrante grimace stoïque qui te remontait les joues et te pinçait la bouche... Tu tenais ta promesse; tu ne bougeais pas. A peine le frôlement de tes doigts soudain légers sur mes épaules et ma nuque. Je me suis posée précautionneusement sur le bout de ton sexe qui a frémi, s'est cabré. J'ai attendu qu'il s'assagisse là, au milieu de moi, au creux de mes méandres, et quand il a été comme endormi, je l'ai entouré plus étroitement. Nouveau frisson. Sa tête ronde se révolte, m'échappe, dérape entre mes lèvres... Qu'il est doux! D'une main ferme je le maintiens. Là! Il ne fera plus des siennes, ce saltimbanque, ce farceur. J'en ai bien envie, envie de le connaître d'un peu plus près, de le déguster, lécher, pomper d'une bouche soudain gourmande. A bas l'anorexie ! Je ne savais pas que j'avais si faim. Tu ne remues toujours pas. Au garde-à-vous. Raides. Tous les deux, lui et toi, chevaleresques, galants... Mes gentils seigneurs, fermez les yeux sur ma débauche, feignez de ne rien remarquer. J'avance un peu. Encore un petit bout ? Le plus petit de mes deux paladins est un vrai martyr chrétien : il se fait bouffer par un lion, et garde le front haut. Je regarde le sacrifice s'accomplir : le héros décapité, très fier, sa tête dans la gueule du fauve à la sombre crinière, sa tête puis son cou, puis son corps élancé de serpent charmé. Je suis la spectatrice fascinée de ces jeux d'arènes, et le bourreau goulu, et l'aède qui pince une cithare complice. Jamais mon bouton n'a si bien vibré sous mon doigt. Encore quelques millimètres et je ne reposerai plus sur le fauteuil, dont ma fringale m'a peu à peu extraite. Je quitte mon refuge d'une fesse allègre, plus de fauteuil pour la femme amoureuse, plus de coussin, de confort, de duvet : l'équilibre et la force seuls qui me tiendront au-dessus de toi, me feront chevaucher sur le pommeau magique d'une selle enchantée, monter et descendre sur un cheval de bois lancé au galop à la poursuite des légendes... Lancelot, mon amour, beau chevalier du lac, l'épreuve est difficile, la joute est inhumaine. Tu gémis à présent de devoir te garder pour la joie de ta dame, tu demandes merci, et c'est moi la cruelle qui t'ordonne de tenir et de ne pas céder. Hardi, mon cher vassal, tu m'as juré ta foi, il te faut résister, c'est aujourd'hui qu'on se marie, et si tu me mouilles avant que je crie, si tu jettes le glaive et vides le fourreau avant que je t'appelle, les noces n'auront pas lieu. Attends, attends encore... Ta demoiselle est jeune, elle court après l'amour sur sa monture sacrée, lutte encore, lutte encore, car la victoire est proche... Perceval, je sais, je sais, le Graal, c'est un vase de foutre, à chaque tournoi d'amour, les bacheliers fervents ont tous juté dedans ! La quête est magnifique, je le vois, je le touche, tu peux rompre la lance, car voilà, c'est fait, c'est venu, c'est là, tu m'as fait jouir et je t'aime...

Tu as levé vers moi des yeux égarés, interrogatifs jusqu'à la douleur :

— Alors?... Alors?...

— Alors oui ! Oui ! Je t'aime ! Donne ! Donne tout, lâche tout, donne de la crème pour ma petite chatte, cette petite garce qui faisait la fine bouche, cette petite salope qui m'a fait enrager si longtemps, elle en veut, maintenant, elle en veut ! Envoie-lui un grand biberon, à cette capricieuse, cette petite pute, cette...

— Sale bête, je vais te faire languir, moi ! Tu boudais, minette, hein?

— Elle boude plus, maintenant, elle boude plus...

— Sûr?

— Sûr !

— Plus jamais?

— On s'arrangera...

— Alors, je vais peut-être pouvoir faire quelque chose pour elle.

— Tu l'aimes bien quand même, dis?

— C'est une séductrice, une belle brune, avec sa

petite gueule rose, on ne peut pas lui résister... Attention, là, je vais la secouer un peu...

Et tu m'as couchée par terre, tu es venu sur moi, impétueux, rapide. Mon braséro brûlait toujours, j'aimais bien que tu l'asticotes avec ce pique-feu dément. Tu chuchotais dans mon cou :

— Il me semble que cette chaussure...

— Une pantoufle, Monseigneur !

— Quoi ! Je te place ma botte secrète et tu appelles ça une pantoufle !

— De vair ! Une pantoufle de vair ! Elégante, racée et... très confortable...

— Cendrillon, sois ma femme, donne-moi ton pied, donne-moi ta main, donne-moi ton cul... Je vais t'arroser, ma princesse, j'ai une baguette magique...

— Oh ! une baguette, c'est peu dire...

— Un bâton, une barre, une trique, une tringle, un épieu, un gourdin, magiques, tous magiques... Ecoute, écoute ça : la lame de fond ! Tu entends ? Tu sens ? Tu bois ? Tu aimes ? Tu jouis ?...

Deux coups timides frappés à notre porte nous font dresser encore essoufflés, sur un coude.

— Madame, Monsieur, pardon, c'est pour le feu...

Pour rire, tu réponds, en m'envoyant un regard malicieux :

— Mais on l'a, le feu !

Silence embarrassé derrière la porte.

— Heu... C'est pour l'entretenir...

— Très juste ! déclares-tu en bondissant sur tes pieds. Il faut l'entretenir !

Et tu ouvres la porte, tout nu, à un garçon très gêné qui affecte de veiller sur son panier de bûches comme sur le saint sacrement. Je n'ai eu que le temps de tirer sur moi la courtepointe du lit contre lequel nous avions fini par aboutir. Le valet s'est accroupi devant la cheminée sans nous regarder. Toi, tu le contemples très à l'aise, accoudé au marbre et éclairé d'en bas par les flammes dansantes. Quel joli diable tu fais ! Une bouffée d'orgueil m'oblige soudain à sourire et à respirer vite. Cet homme-là est mon mari, il m'a trouvée assez belle, assez drôle, assez grave, assez mûre pour m'épouser, et voilà qu'il vient de faire de moi une maîtresse, sinon expérimentée, du moins convaincue... La métamorphose fut délectable... Les souvenirs très précis de notre étreinte et de notre délire me cambrent d'une délicieuse honte, courent en petits frissons dans mon dos et je me pelotonne sous ma couette avec un gémissement involontaire.

— Oui, tout de suite, j'arrive ! me promets-tu le plus sérieusement du monde.

Et comme le garçon, qui me tourne le dos, doit rouler de gros yeux, tu lui expliques, en me présentant vaguement d'un signe du menton :

— Ma femme ! Enfin, on n'aperçoit que la partie visible de l'iceberg. Le reste est sous le duvet...

Je proteste :

— Merci pour l'iceberg !

— Oui, c'est vrai, pardon ! J'aurais tout aussi bien pu parler de volcan !

Le loufiat épouvanté bat précipitamment en retraite devant cette confidence de mari comblé.

— Voilà, en principe, ça durera toute la nuit...

— Toute la nuit ! Huuum ! Perspective enchanteresse !

Tu passes ta langue sur tes lèvres et écarquilles des prunelles avides. Loup-garou, cher cabotin, je t'aime. Tu t'amuses aux dépens de ce pauvre larbin terrorisé qui, dans sa fuite, se heurte à un collègue qui frappait à son tour à notre huis.

Le nouveau venu a l'air moins bête. Il m'a tout de suite repérée, alanguie encore sur le tapis, drapée de volupté et d'un gros édredon. Il feint d'ignorer la simplicité de ton appareil avec beaucoup de majesté, arbore, en même temps qu'une superbe dignité, un plateau chargé d'un seau à champagne et de deux coupes.

— Si Madame et Monsieur me permettent... Une attention de la direction.

Il pose son plateau sur un guéridon, après un rapide tour d'horizon des lieux, enregistre d'un œil le désordre de nos vêtements par terre, s'enquiert avec un ironique respect :

— Tout va bien ?

D'un geste large vers la porte, tu le rassures et le congédies en même temps :

— Tout va très très bien...

Il a murmuré quelque chose comme « Tous mes vœux de bonheur », est sorti à reculons, a tiré sur lui une porte silencieuse, et nous avons retrouvé notre savoureuse solitude.

J'ai chaud partout : devant, le feu me brûle le visage, les seins ; les jambes. Derrière, c'est toi qui m'incendies : je m'appuie à toi comme à un vaste mur de chair bouillante, de muscles, de nerfs, de peau. Tout mon dos se caresse à ton corps accueillant et solide. Tu as passé un bras de protection autour de mon cou, et ce lourd collier m'enchante d'une joie nouvelle de prisonnière ravie. Dedans, c'est le champagne qui m'enfièvre à coups de petites bulles serrées. Ta bouche fourrage contre mon oreille avec une douce autorité :

— Tu te sens plus ma femme, maintenant?

— Ah ! Oui !

— Belle conviction ! Explique !

— J'ai l'impression que tu as trouvé le code secret... Tu comprends, c'est la première fois que ça m'arrive. Jamais, avec personne, ni même encore avec toi, et pourtant, avec toi, j'avais fait des efforts !

— Moi aussi, c'est la première fois.

— Menteur !

— Si ! La première fois comme ça, aussi bien, aussi... plein d'émotion. J'étais puceau à ma manière.

— « La première fois », c'est à la fois merveilleux et triste.

— Triste?

— Oui, la première fois, c'est la promesse d'une longue série d'autres fois. Mais c'est aussi un deuil de quelque chose qui n'arrivera plus. Il ne peut pas y avoir plusieurs premières fois...

— Mais bien sûr que si, bien sûr qu'il y aura plusieurs premières fois ! Il y en aura des tas. On est blindé de pucelages, on en a partout, partout, devant, derrière...

— Oh ! Toi, je te vois venir !

— Dans la tête aussi. Toutes les barrières, tous les

tabous. Ils tomberont tous, un par un, autant de premières fois !

— Tu crois ?

— J'en suis absolument certain.

— On ne pourra pas tout faire, là, pendant ces quelques jours ?

— Heureusement que non ! Il faut se garder pour la suite. Que le voyage de noces dure le plus longtemps possible...

— Fais-moi un petit programme de nos futures premières fois, pour voir ?

— Tu n'as pas peur que ça déflore un peu l'intérêt ?

— Le terme est de mise !... Non, au contraire, j'ai envie de me mitonner un petit cocktail d'appréhension et d'impatience...

— C'est joliment dit ! Eh bien... dans ce qui me paraît le plus urgent, la première fois que tu jouiras sous ma bouche et moi dans la tienne, la première fois que je te... que je te...

— Que tu m'enculeras, quoi !

— Je vois que le champagne te facilite l'usage d'un certain vocabulaire.

— Objection ! Je n'ai jamais été vraiment bégueule de ce côté-là !

— Quel côté ?

— Le vocabulaire, bête !

— Ah !

— C'est plutôt toi...

— Moi ?

— Oui, tu as une curieuse pudeur des mots. Pas forcément des mots cochons, d'ailleurs. Des mots tendres. Voilà : on ajoute sur la liste la première fois que tu m'inventeras plein de mots d'amour, gentils, cuculs...

— Je vais souffrir...

— Pas forcément ; ça te viendra peut-être tout seul...

— La première fois que tu me laisseras prendre ton corps en photo, enregistrer tes cris d'amour...

— Que tu m'écriras un poème, une lettre porno...

— Enfin, des tas de premières fois, quoi !

— Comment « enfin » ? La liste est un peu courte ce me semble...

— Dis donc, toi ! Tu en sais bien des choses, pour une jeune mariée au pied sensible !

— Je n'ai peut-être pas d'expérience, mais j'ai des fantasmes !

— Des fantasmes ! Intéressant ! Dis-m'en un !

— Ah ! ça, non, ça, je ne pourrai pas...

— Un tout petit ?...

— Pas question !

— La première fois que tu me raconteras un de tes fantasmes...

— La première fois que tu le devineras...

— C'est un défi ? Un encouragement ? Tu as envie que je devine ?

— Bien sûr !

— Pourquoi ?

— C'est compliqué.

— Explique quand même.

— Eh bien le fantasme, c'est quelque chose d'intime, de personnel, de précieux, qu'on a envie de partager avec quelqu'un qu'on aime, mais c'est si délicat, si fragile qu'on ne peut pas le manipuler n'importe comment. Comme une matière à ne pas toucher avec ses doigts...

— Donc, si je devine, tu n'auras pas eu besoin de poser tes doigts dessus pour me le donner...

— Voilà ! Et puis, en même temps, quand on porte un fantasme, on se sent toujours un peu seul, un peu monstrueux, un peu honteux de son invention. Si l'autre devine, c'est que le fantasme est devinable, accessible, pas si monstrueux que ça. C'est rassurant.

— Bon, alors je vais te rassurer : je vais t'énumérer une liste impressionnante de fantasmes, et forcément, tu en reconnaîtras quelques-uns, tu es d'accord?

— Vas-y!

— Alors voyons... Tu rêves d'être prise partout à la fois par?... par moi et cette bougie, moi et ce tisonnier, ce tisonnier et cette bougie, pendant que je te suce, assise sur ce prie-Dieu; le garçon de tout à l'heure entre et commence un strip-tease, je le mets, il me met, nous te mettons tous les deux, il a un plumeau sous le bras, il te chatouille partout avec les plumes, il me suce, je le suce, tu le suces, tu nous suces, tu nous branles, on te branle, on se branle...

— Arrête! Arrête!

— J'en suis à combien, là?

— Heu... C'est quand même un peu classique, tout ça!

— Un peu classique? Attends! La glace! on baise devant la glace!

— Banal!

— La salle de bains!

— Trop vu!

— La fenêtre ! Pas mal, la fenêtre ? J'appelle les gens et je nous donne en spectacle !

— Tu as regardé le temps ?

— Les rideaux, le lustre ! On se fait un coup de trapèze !

— C'est ça ! Et puis, on s'écrase par terre et on finit notre voyage de noces à l'hôpital !

— J'y suis ! L'hôpital ! Les infirmières, les blouses blanches, les docteurs !...

— Mmm...

— Tu ne dis pas non ?

— Je ne dis pas vraiment oui...

— Mais je brûle ? Les pansements, les instruments, le sang, la douleur...

— Bôôôôf...

— La table d'opération, le chirurgien, le stéthoscope, le spéculum... La table gynécologique !

— Bon, dis, ça suffit, peut-être...

— Ah ! Là, j'ai l'impression que j'en tiens un, non ?

— Ecoute, je trouve ce jeu idiot, à force...

— Donc, j'en tiens un... Où tu vas ?

— Pipi. Je peux ?

— Tu m'emmènes ?

— Aux toilettes ?

— Chiche !

— Sûrement pas !

— C'est défendu ?

— Heu... Oui, je te défends...

— Ah ! première fois que tu me défends quelque chose !... Premier tabou avoué ! Première fois que je transgresserai un de tes tabous. Ça s'arrose !

— Tu as de ces mots !

Une divine petite inquiétude m'a contrainte à refuser la coupe que tu me tendais. Le sentiment précis, également, que je devais garder une absolue lucidité pour vivre pleinement tout ce qui pourrait m'arriver. Or, avec toi, je pressentais que l'échantillon risquait de se montrer large, et, dans le fond, je t'en vouais, par avance, une admirative gratitude.

Tu avais l'air innocent, un peu perdu dans tes pensées. J'ai essayé de m'échapper sournoisement. C'était le jeu. Tu connaissais les règles aussi bien que moi, ta main s'est refermée très vite sur mon poignet, en claquant presque comme une menotte.

— Oh! la vilaine, qui voulait me fausser compagnie!...

— Allez! Lâche-moi, quoi! c'est pas sérieux!

— C'est très sérieux! Viens! C'est moi qui t'emmène.

Et tu m'as ramassée à pleins bras, comme une gerbe coupée. La salle de bains était vaste et sans doute très confortable. Ses porcelaines brillaient dans l'ombre. J'étais emplie d'un mélange de honte et de curiosité. Je t'ai supplié.

— Je t'en prie, n'allume pas!

— Mais je ne vais rien voir!

— Je ne veux pas que tu me voies! Ce sont *mes* secrets!

— Et tu ne les partages pas avec moi? Ma femme a des secrets pour moi?

— Mais tu me demandes une chose impossible! On a sa dignité, zut!

— Tu ne vas pas dire que, quand tu étais petite, tu n'as jamais fait pipi devant un copain?...

— Je ne sais pas... Peut-être, oui, mais à supposer... Ce n'était pas pareil!...

— Pourquoi?

— Parce que j'ai grandi!

— Tu me traites moins bien qu'un vulgaire petit copain d'enfance, sous prétexte que tu as grandi. Et si on redevenait petits? Ce n'est peut-être pas désagréable!

— Je peux pas, là, je suis coincée! Je peux pas recommencer mes jeux de gamine, je ne suis plus pareille, d'abord j'ai des poils, et ça va fausser toute l'exhibition... Et puis, je veux bien te donner n'importe quoi, mais ça, ça, c'est privé, tout de même, ça n'a rien à voir avec la volupté!

— Mais si, justement! C'est voluptueux parce que c'est privé!... Tu sais, ton refus est un cas de divorce! Je ne peux pas rester le mari d'une femme qui affiche une vie privée dès le soir de son mariage!

— Une vie privée!... C'est fou, ça! Si j'étais obligée, si j'avais les deux bras dans le plâtre, et que je doive compter sur toi, j'aurais honte, mais je compterais sur toi, j'attendrais de toi de petits services... intimes. Mais là, on n'est pas obligés de partager... comment dire? ce qu'il y a de moins noble...

— Et c'est parce qu'on n'est pas obligés que c'est chouette. Un choix...

— Vouais, un choix que tu as fait parce que tu as senti que ça m'embêtait!

— Oui, j'avais envie de ton embarras, de ta

pudeur. Je les aime, figure-toi ! J'aime quand tu te fais violence pour moi.

— Là, je sens que je vais me faire avoir ! Tu me demandes de te donner une preuve d'amour, en quelque sorte ?

— Non, non, je ne demande rien ! Tu sais bien que je n'ai aucun droit...

— C'est moi qui ai des devoirs ?

— C'est toi qui l'as dit !

— Nouvelle version du devoir conjugal : pisser la porte ouverte !

— Tu n'apprécies pas les nouvelles versions du devoir conjugal ? Méfie-toi ! on est sur la pente savonneuse de la routine, là !

— La routine ! On n'a fait l'amour qu'une fois !

— Bergson a dit : « L'habitude commence la première fois ! »

— Ah ! après les poètes, les philosophes ! On a du beau monde dans la chambre ce soir !

— C'est notre cortège nuptial. On n'épouse pas une littéraire pour rien !... Alors ?... Je les mets tous à la porte, regarde ! Car personne ne te parlait de pisser la porte ouverte, je ferme. J'allume... voyons... où est le commutateur ?... Non, pas celle-ci, trop crue... Ah ! cette tulipe, là sur le lavabo... Jolie fleur, non ? Tu lui fais une petite rosée ?

— J'ose pas !

— Allez ! Rien que pour moi ? Parce que tu sais, moi, quand j'étais petit, j'ai lorgné des petites filles accroupies, mais je n'ai jamais rien vu de précis... Tu te rends compte, à mon âge, je n'ai jamais vu un urètre féminin en action ?

— Moi non plus !

— Même pas avec une glace ?

— Nnnon !

— Pudibonde et menteuse avec ça !

— Ça va ensemble...

— Allez ! Assez discuté ! Je t'ordonne de venir t'asseoir là, et plus vite que ça !

— De quoi ? Des ordres, maintenant ?

— Oui, j'ai le devoir d'être autoritaire ! De temps en temps, c'est, paraît-il, plaisant. Autoritaire et doux. Ma chérie, viens là, s'il te plaît, et assieds-toi !... Non, finalement, ne t'assieds pas, grimpe dessus ! Accroupis-toi. Je veux voir ce que tu n'as jamais montré à personne, je veux te voir faire pipi en gros plan, pour moi tout seul !

— Mon Dieu, mon amour, mais si le premier soir tu t'immisces comme ça dans mes petites affaires, quel mystère va-t-il me rester ? Que vais-je pouvoir te donner d'autre plus tard ?

— En cherchant bien...

— Ne cherche pas, je t'en prie, et... et tiens-moi, je vais tomber ! Et si je te mouille, tu ne viendras pas te plaindre !

— Ce ne sera qu'un juste retour des choses !... Alors ?

— Alors je suis bloquée ! Tourne-toi, au moins, que je commence sans toi...

— Je me tourne. Je t'assure que le Prince est tombé fou amoureux de Cendrillon, le soir du bal, parce qu'il l'a surprise en train de se trousser derrière un buisson !

— Si j'avais au moins un buisson !...

Lorsque tu as retourné la tête vers moi, alerté par le bruit d'une cascade que j'avais, à ma grande confusion, du mal à maîtriser et à diriger, il y avait sur ton visage non pas cette attention pointue et ironique que j'attendais, ce guet presque animal, regard aminci, sourcils bas, bouche close et frémissante, que je t'avais vu quelquefois, mais une gravité douce, une bonhomie un peu repentante, comme si soudain tu avais eu la pudeur de tes exigences, et honte qu'on les satisfît. Je sus alors que ta position était plus difficile que la mienne, car on ne s'improvise pas meneur de jeux érotiques, metteur en scène d'images graveleuses, violeur de tabous, dénonceur de routine... Ma résistance t'eût peut-être agacé, ou déçu, mais réconforté. Tu serais demeuré le gentil fou, le magicien incompris, le capricieux génial et solitaire qui s'essaye à sortir des ornières, mais cède finalement, par amour et par lassitude : « Ferme ta porte, ma petite fille, et tant pis pour nous... »

Mais je t'avais obéi, et je te sentais soudain dépassé par l'idée que mon geste était un geste d'amour pour un bourreau étrange auquel on s'efforce de plaire. La situation avait perdu de sa légèreté ludique, elle se faisait lourde d'un malaise inattendu, car un débordement ne devait-il pas en appeler un autre?...

Et pourtant, c'est toi qui avais raison. Notre vie commune allait désormais nous amener à un contact quotidien, à un frottement pas toujours romantique de nos deux existences, de nos deux corps et de leurs contingences les plus triviales. L'habitude — la routine — peu à peu nous fermerait les yeux, endormirait nos délicatesses, et nous finirions parfois par nous côtoyer sans grande coquetterie, et peut-être sans grand respect l'un de l'autre, partant du principe que des conjoints n'ont pas de secret et donc pas de pudeur l'un pour l'autre. Toi, tu bravais le temps, tu devançais son usure, et tu transformais certains de nos laisser-aller en coup d'éclat somptueux, en petit scandale intime, en cadeau de noces provocateur et tendre.

Ton voyeurisme, c'était une façon de me dire : « J'aime ton corps tout entier, et son mécanisme, et ses petites cachotteries. Je suis ton mari, l'enchanteur de tes jours, l'alchimiste amoureux, et je sais l'art de transformer tes ordures en trésors... »

Seulement voilà, mon gentil mage n'était qu'un apprenti sorcier, et la science lui faisait soudain défaut... Dans ma posture obscène, je réfléchissais très vite, tout en scrutant ton beau visage un peu douloureux, figé par une recherche du mot à dire, du geste à tenter. Et puis j'ai décidé de prendre la relève, de te soulager de la suite des initiatives, et je suis devenue une fée Viviane tout à fait potable, une jolie salope, et j'ai eu envie de séduire Merlin et de le damner...

— C'est bien, ce que tu vois? Ça te console de tes déconvenues de petit garçon?... Attends. Ce n'est pas fini!... Je m'arrête juste un peu, pour faire durer le plaisir, le tien et le mien. Regarde bien : j'ai coupé l'eau, tout fermé, tout serré. Il suffit de se contracter très fort. Même le con, ça le ferme. Ça remonte le périnée, ça durcit la chair. Puis je relâche : j'ai l'impression de me déployer, comme les fleurs qu'on filme au ralenti, un gros nénuphar qui s'étire, un papillon qui ouvre ses ailes, une anémone de mer qui respire... Ne regrette pas l'Italie, je vais te faire les jeux d'eau de la villa d'Este. Tiens : une petite source!... Plus fort? Je sais, il faut pousser et ça gicle. Et je m'arrête encore. Ça rend fou. Je me branlais comme ça, quand j'étais petite, au cabinet. Je me détraquais la pissette. Je m'amusais à des douches intermittentes, à des geysers capricieux. Tu l'as repérée, la toute petite pomme d'arrosoir? Regarde bien : ovale, nacrée, un peu dure. Regarde, elle déborde ; je te fais une goutte, une larme blonde. Celle-là, elle n'ira pas loin : elle va glisser le long de la rigole et me mouiller plus bas. Elle me chatouille. Tu es content de ton gros plan, de ton urètre féminin en action? Dis? C'est une première fois, ça, hein?... Tu comprends, le difficile, c'est de produire une seule goutte à la fois? Se décontracter, se sentir gonfler sous la pression. Ouvrir doucement, doucement. Une goutte, une seule, et hop! on referme tout de suite la vanne. Ça produit une frustration démoniaque, un grand frisson, et, finalement, ça excite partout... Ah! toi aussi, ça t'excite, hein? On s'offre un intermède assez cochon, tous les deux, non? Je te ressers une petite goutte?...

Tu étais accroupi devant moi, comme halluciné par ma démonstration, roi mage adorant un sublime et scabreux trésor, et du creux de tes cuisses, ton sceptre jaillissant me disait assez ta passion et ta foi.

Soudain, tu t'es relevé, m'as tendu la main pour que je descende de ce curieux trône d'indécence que tu avais érigé pour moi, tu t'y es toi-même assis confortablement, et tu m'as dit : « Viens sur moi et continue ! »

Alors, convaincue et soumise, je t'ai enfourché. Ta bite a glissé comme une belle gondole dans le canal que je lui avais préparé, elle a buté au fond de moi. J'ai regardé entre nos jambes : elle avait disparu et nos poils se touchaient comme une même futaie. Nous étions siamois par une forêt magique, un Brocéliande profond qui cachait, en son souterrain, le grand serpent crêté, le monstre du lac. Tu avais un air mystérieux, inspiré.

— Ne bouge pas, ni tes jambes, ni ton corps. Recommence simplement comme tout à l'heure, à pomper, goutte à goutte...

— Tu es tellement loin dans moi que tu vas tout sentir : ma vessie qui se déverrouille, l'urètre qui se gonfle, la chaleur de la permission que je me donne... Tu sens ?

— Oui, tu t'appuies sur moi...

— Ça y est, je t'ai fait une petite perle, une seule. Elle coule sur moi, sur toi maintenant. Sur ton pelage. Et je me serre très fort. Tu sens que j'ai fermé mon robinet ?

— Tu me presses, tu te crispes autour de moi. C'est bon. Ça pompe ferme. Encore ?

— Encore ! Tant que tu veux. Voilà. Et encore une

fois. Je dois m'appliquer chaque fois un peu plus. Je suis presque vide.

— Applique-toi, c'est encore meilleur. Tu vas me faire jouir rien qu'en me massant comme ça, avec l'intérieur de toi. C'est comme une bouche très profonde qui me sucerait... Et toi, tu pourrais jouir, comme ça, sans cavaler sur moi ?

— Bien sûr ! Moi aussi, ça me rend folle, de te mâcher de l'intérieur. A chaque effort, je te distille une petite goutte de plus. Et quand tes poils seront tout trempés par ma pluie, je jouirai...

— C'est bientôt, alors. J'ai le pubis comme une forêt vierge : touffu, moite, chaud...

— Une forêt vierge, j'espère bien. J'espère bien être ta première amazone, ta première faiseuse de pluie, ton premier climat tropical, je palpite pour toi, mon premier homme, je me concentre sur l'orage qui va venir, et je coule toujours...

— Coule ! Fais-moi de la bruine, du crachin, des giboulées, des ondées... Des averses. Fais-moi une mousson, un déluge, je veux devenir Noé dans ton arche, je veux flotter sur ton fleuve, danser dans tes cataractes...

— Ecoute : le flux, le reflux, le flux, le reflux, je viens, je repars, j'ouvre, je ferme, je coule, j'endigue, je te crache, je te bois, je te pousse, je t'aspire...

— Encore, encore !

— Encore, toujours, toujours, la mer, la mer sans fin recommencée, mon amour...

— Tu vois le port ? Tu vois le phare ?

— Je le sens, le phare, immense, très haut, très

droit, ma digue bute dessus, mes vagues lèchent son pied...

— T'arrête pas de pomper...

— Si ! je m'arrête parce que je peux plus, là, ton phare m'éblouit...

— Tu jouis ?

— Oui.

— Ouvre les yeux, ouvre tout, lâche tout, donne-moi tout ce qui te reste !...

— Voilà, me voilà, je te coule dessus, je te pisse dessus, je te mouille, je te trempe, c'est tout pour toi, tout à toi, et c'est la première fois et j'adore ça !

L'heure qui suit nous retrouve au creux d'une bergère profonde, devant le feu. Dehors, les ténèbres chuintent interminablement. Tu penses visiblement à la même chose que moi. Tu fredonnes, ta coupe à la main. Je me blottis contre toi. J'essaie de t'imposer tendrement le silence, sans succès :

— Tu avais de la ressource tout à l'heure !

— Tais-toi, s'il te plaît, tu vas me faire rougir.

— Tu ne rougis jamais !

— C'est une rougeur intérieure : la pire.

— Je ne parlais pas pour te blesser. Mais tu m'as... surpris.

— Dis tout de suite que tu avais l'impression d'avoir épousé une oie blanche !

— Oh ! non ! tu as plutôt le teint mat !

— Ignoble bonhomme ! Tu n'es pas au bout de tes surprises, va !

— Ah bon ? Moi qui croyais que tu te laissais traumatiser par des histoires de chaussure trop petite !

— Ne fais pas de caricature, hein ? D'ailleurs, je me demande si mon angoisse de la chaussure, ça ne t'arrangeait pas un peu...

— Comment ?

— Je pense que, d'une certaine façon, mon manque d'expérience t'a un peu gêné, mais aussi pas mal rassuré, pas mal flatté. Dans la salle de bains, je me suis un peu... déchaînée, et ton univers a basculé.

— Pas du tout !

— Tu l'as dit toi-même, tu as été surpris.

— Mais agréablement, je t'assure, agréablement !

— Ah ! bon !... Parce que je me demandais si tu préférais en moi la niaise ou la pute.

— Et c'est moi qui fais des caricatures !

— Réponds ! Laquelle préfères-tu ?

— Mais je ne t'ai trouvée ni niaise ni pute !

— Tu comprends très bien ce que je veux dire, même si j'exagère un peu.

— Hé bien, hé bien ! Premier différend... En voilà, un ton fâché !

— Réponds !

— Mais, ma chérie, c'est un piège, ta question ! Comment tu veux que je choisisse ? Je t'aime, voilà, c'est tout, je t'aime. Tu as peur, je te rassure, tu as envie de faire l'amour, je te baise, tu hésites, je t'encourage, tu te déchaînes, je te suis. C'est pas comme ça qu'il faut faire ?

— Si ! C'est un comportement parfait pour une panacée universelle. Mais pour un mari !...

— Mais c'est du dépit, ça, de la colère, même... Qu'est-ce que j'ai fait ?

— Tu n'arrêtes pas de me parler de cette chaussure ! Elle va me poursuivre longtemps, cette chaussure ? Et tu n'en as pas, toi, de chaussure trop petite ? On n'en sait rien, avec toi. C'est comme si tu n'avais pas de sentiments : tu ne dis jamais rien !

— Moi ? Mais il y a cinq minutes, tu m'as demandé de me taire !

— Parce que je ne voulais pas que tu parles de ce qui vient de se passer. Ça me gênait beaucoup, voilà la vérité. Je me suis fait violence pour toi, comme tu me l'as demandé, pour te faire plaisir. Tu peux bien l'oublier pour me faire plaisir à moi, non ?

— Bien sûr ! Ça y est, c'est fait. J'ai déjà oublié. D'ailleurs, oublié quoi ? Je me demande bien... Ce que c'est de ne pas avoir de mémoire... Reviens contre moi ma chérie, ma petite fille, ma grande, ma mignonne, ma poupée, ma Cendrillon... Oh ! pardon ! J'essayais la liste des mots d'amour évoqués tout à l'heure, et j'ai encore dérapé sur la chaussure... Tu sais, moi aussi, j'en ai, des chaussures trop petites, plein, plein, un plein magasin, et puis, petites, petites, on dirait des chaussons... Mais moi, je n'en parle jamais ; parce que je n'ai pas ton courage, moi. J'attends que tu devines, puisque tu devines très bien. Hein ? Tu feras ça pour moi, mon amour, tu devineras quand j'aurai du mal à me glisser dans une chaussure trop petite ?

— Oui, mon chéri, je serai ton chausse-pied préféré !

— Ah ! je t'aime mieux comme ça, câline. Tu m'as fait de ces yeux, tout à l'heure !

— J'aime bien me disputer un peu.

— Pourquoi ?

— Pour la réconciliation !

Elle fut adorable, cette réconciliation-là. Tu me pris contre toi, un bras serré à ma taille, et je sentis longtemps ton souffle dans mes cheveux, comme un vent chaud et sans violence. Le feu pétillait. Je berçais la douceur du moment d'une jambe indolente qui se balançait sous notre bergère. J'étais bien, je sentais battre ton cœur, circuler ton sang, vivre ton grand corps bien portant. Une de tes mains vagabondait sans arrière-pensée sur la courbe de mon sein, qui frissonnait de bonheur. Nous avons écouté longtemps la nuit, la pluie, le feu, le silence des murs ; et notre bien-être. Quand nous avons retrouvé l'usage de la parole, nous ne savions plus que chuchoter.

— Tu sais, tout à l'heure, tu m'as dit...

— Qu'est-ce que je t'ai dit, ma chérie ?

— Tu m'as dit quelque chose comme : « Tu as envie de faire l'amour. Je te baise. » Mais, jusqu'à présent, tu ne m'as pas tellement baisée !

— Ah ! bon !

— C'est plutôt moi qui...

— Si ! A la fin de l'essayage de la chaussure, tu sais, la pantoufle de vair, c'est bien moi qui t'ai baisée, là ?

— Dis, ça ne compte pas, j'avais fait le plus gros ! C'était une finition !

— Une finition ! Voyez-vous ça ! Tu sais parler aux hommes, toi ! Je vais te faire du gros œuvre, moi, tu vas voir !

— On se met où, pour le chantier ?

— Mais où tu veux, il n'y a qu'à demander, je rassemble le matériel, pelleteuse, marteau-piqueur, tout ce qu'il faut !

— J'ai une idée diabolique, mais je n'ose pas te la dire...

— Vas-y, dis toujours, je t'écoute !

— Tu ne seras pas choqué ?

— Moi, choqué ! ! !

— Jure d'abord !

— Mais je te le jure !

— Si on se mettait dans le lit ?

— ... Ah ! évidemment, c'est audacieux ! C'est... très audacieux !

— Dans le lit, sous les couvertures, avec moi en chemise de nuit...

— Hou la la !... Mais où vas-tu chercher tout ça ?

— Et toi...

— Moi en pyjama, j'ai compris, je commence à voir en face ton insondable perversité !

— Tu veux bien ?

— Je suis prêt à tout, ma chérie, à tout pour te faire plaisir, même à faire l'amour dans un lit !

— Alors attends-moi là : je vais faire ma toilette d'épousée !

Et j'ai disparu dans la salle de bains, où cette fois tu m'as laissée m'enfermer toute seule. Il eût été dommage d'avoir prévu une chemise de nuit exprès pour cette nuit-là, et de ne pas m'en servir. Elle était blanche — pureté oblige — mais suffisamment transparente, vaporeuse et décolletée pour taquiner l'imagination. Une chemise qui hésitait, comme moi, entre l'oie blanche et la dévergondée, la petite fiancée anxieuse et la flambeuse avisée.

Lorsque je suis sortie de la salle de bains, tu avais mis un pyjama satiné qui brillait devant le feu.

— Toi aussi, tu avais une chemise de noces?
— Mais oui!... Fais voir, viens là... Très jolie!
— Merci. Ton pyjama aussi est joli. Tu ressembles à un prince des « Mille et Une Nuits »...
— Tu es ma Shéhérazade. Tu me raconteras des histoires... Viens, je vais te prendre dans mes bras pour te faire franchir le seuil du palais...
— J'espère que je suis la seule femme du harem... Je ne sais pas comment je vais réagir la première fois que tu me diras : « Je t'ai trompée. »
— Je ne te le dirai jamais.
— Pardi! Alors, la première fois que je m'en douterai.
— Ttt! Ttt! On a d'autres premières fois à se faire, non? Je te dépose où?
— Là, sur le lit!... Oh! les draps ont l'air doux! Tu viens?
— Non, pas déjà. Je reste un moment au bord du lit, c'est plus convenable.
— Oui, tu as raison. Faisons connaissance d'abord. Tiens! Prends ma main. Tu sais, un jour, tu as eu un geste charmant que tu n'as jamais renouvelé, et c'est dommage : nous étions dans un café, et tu as posé ta main sur la mienne, comme un amoureux démodé. Ça te ressemblait peu...
— Ça ressemblait peu à l'idée que l'on se fait de moi quand on ignore que j'ai souvent le pied ratatiné dans une chaussure trop petite.
— Oui, justement, ce jour-là, tu t'étais délivré de

la chaussure, pour une minute. Tu as gardé un peu ma main dans la tienne ; c'est resté pour moi un de nos plus beaux moments.

— Ben d'accord !

— Ça te vexe ?

— Pas vraiment, mais lorsque nous sortirons de cette chambre, j'aimerais autant que le superlatif ne soit plus de mise !

— Que tu es bête ! J'ai dit « un des plus beaux », pas « le plus beau » ! Et puis, depuis, il y en a eu d'autres !

— Tu me rassures quand même, parce que j'ai beau te savoir fleur bleue...

— J'ai beau être fleur bleue, j'apprécie beaucoup le doigt que tu balades actuellement dans mon décolleté, tu vois !

— Ah ! bon !

— Regarde comme mon épaule est jolie ! Ça ne te donne pas envie de lui faire des bisous ? Et dans mon cou ? Plein, plein de bisous ! Non, pas l'oreille ! c'est une manie !... Hum ! J'ai le bout des seins qui frotte contre toi, c'est excitant. Touche-les, touche comme ils bandent ! C'est mignon, hein, à travers la chemise ?

— Fais-moi une petite place à côté de toi... Tu es toute chaude, toute douce, toute menue. Tu sens bon !

— C'est grâce à toi.

— C'est toujours moi qui choisirai ton parfum. J'aurai l'impression que tu me portes un peu sur toi. Et quand je le reconnaîtrai dans la rue, ou dans un magasin, j'aurai envie de crier : « Aux voleuses ! Vous avez usurpé le parfum de ma femme ! » Et si je dois te quitter quelques jours, j'emporterai de ton parfum avec moi, pour avoir l'impression que tu m'accompagnes...

— Mais c'est qu'il est gentil, ce soir, mon Prince Charmant, c'est qu'il est romantique !

— Ne te moque pas ! Ce n'est pas digne d'un chausse-pied ! Tu sais, mon bonheur dépend aussi de toi ! Quand j'ai commencé à t'aimer, je n'ai plus pu m'arrêter !

— Ne t'arrête pas ! Ne t'arrête jamais ! Je mourrai de froid, si tu ne m'aimes plus !

— Quand vas-tu me faire un enfant ?

— Quoi ?

— Je demande : quand vas-tu me faire un enfant ?

— Mais... Tout de suite, si tu veux. Sous le drap ! Ça se fait à l'abri, ces choses-là. Il ne faut pas qu'il prenne froid ! Viens, viens-là, caresse partout, prépare-moi un peu. Cultive ton jardin, si tu veux y planter des graines.

— Joli jardin, joli verger... J'ai là deux pommes assez mignonnes ! On les croquerait ! Voyons ce petit ventre ; c'est de la bonne terre, ça ? Tu crois que ça prendrait, là-dedans.

— Tiens ! Cette question !

— Et là ?

— Le gazon.

— Je vais m'y prélasser un peu... Ça ne t'empêche pas de préparer les outils, toi !

— Voyons ça ! Ah ! je tiens le plantoir ! Eh bien ! Satané manche ! Ça doit vous enfoncer la graine bien net, bien droit, un engin pareil !

— C'est sûr. Tu n'appelleras pas ça de la finition, je te le promets, moi !

— J'adore te sentir bander à travers ton pyjama : c'est doux, érotique.

— Remonte-moi bien cette chemise de nuit, que tout à l'heure, dans mon ardeur, je vais m'en faire une capote !

— Voilà, docteur, je suis prête !

— Tu vois que c'est un de tes fantasmes de toubib ! Vous savez, Madame, moi je suis spécialiste : un accoucheur à l'envers. L'accoucheur vous délivre de l'enfant, moi, je vous le greffe. Mettez-vous en position, s'il vous plaît. Attendez, vous permettez, je prépare la seringue. Vous voyez l'instrument ? Détendez-vous, ça ne fait pas mal. Je vais tenter une approche...

— Je suis un peu inquiète, docteur...

— Mais non, petite Madame. Vous êtes déjà bien dilatée, assez mouillée, ça va aller tout seul, écartez bien les jambes, soulevez un peu les fesses... Voilà, vous avez déjà le bout de l'outil dans le conduit. Allez, on avance un peu... Ça va ?

— Ça va...

— Plus loin ?

— Ma foi...

— Eh ben on y va... Ça va toujours ?

— Oui, oui !

— Je vais reculer, là. Ne craignez rien, c'est la marche à suivre normale. Je ressors presque tout...

— Je me sens vide !

— Mais je reviens ! Un peu plus loin. Chaque fois un peu plus loin. Vous sentez ?

— Bien sûr !

— Ça ne vous gêne pas trop ?

— On s'accommode...

— Oui, et puis, avec les techniques modernes, on a supprimé la douleur, et surtout, l'angoisse de la douleur ! Vous êtes détendue, là ?

— Complètement !

— Je te baise, là, ma chérie, dis, ça te va, le gros œuvre ?

— Oui, tu me baises bien : doucement, régulièrement. J'aimerais que ça dure longtemps, longtemps...

— Mais ça durera toute la nuit si tu veux...

— Un grand chantier ?

— Gigantesque. Un chantier naval. Je te fais un grand bateau pour partir avec toi.

— Il est joli, ton bateau, il vient bien. Il se balance déjà sur mes vagues. Je me sens tout écumeuse...

— Mouille bien, ma petite sirène, on partira ensemble...

— Oui, ne me laisse pas. Serre-moi bien fort, viens plus près, plus près encore...

— Tu sens comme tu es près de moi, loin dans moi ? Je t'aime. J'irai avec toi. N'importe où.

— Prends ton petit bagage à main, là le clito...

— Mon bagage à doigt...

— Emporte tes plus jolis mots, ton cri d'animal blessé, ton soupir d'après la joie.

— J'emporte tout...

— Et maintenant laisse-moi entrer tout entier, ouvre bien grand, on ne partira pas sans provision : je mets les couilles aussi !

— Oui, mets tout, fais tout entrer, bourre bien, et démarre pour de bon...

— Mon bateau balance, il balance... Tu aimes le roulis?

— Oui, bien lent, bien long, très long...

— Il ressemble à un berceau. Tu le veux, cet enfant?

— Oui, je le veux.

— Berce-le avec moi. Berce-le.

— Je le berce.

— Voilà, bien cadencé. Remonte tes jambes, accroche-toi bien, ça va filer...

— Combien de nœuds à l'heure?

— Tu n'auras que le mien, mais aussi longtemps que tu voudras.

— Que je pourrai...

— Déjà fatiguée? Berce le petit! Tu as deux hommes gigognes en toi. Mon fils et moi. Tu es enceinte de nous deux. Il faut que tu accouches de moi et que tu le retiennes, lui! Pousse, pousse très fort pour me mettre au monde. Je veux que tu sois ma maman. Et resserre-toi, resserre-toi au dernier moment. Garde la graine, garde-la! Bouge, bouge avec moi! Ah! Qu'est-ce que je te mets, hein? Je suis démesuré. Je vais te fabriquer un géant. Je le sens venir. Il gigote dans mes couilles. Un beau bébé, tu sais. Prends-le, prends-le, il te tend les bras...

— Attends, attends, tu prends de l'avance, je ne te suis plus...

— On va faire une petite escale. Une petite halte. Tu veux? je vais te manger un peu partout, te lécher... Les seins, d'abord... Tes petits bouts comme des groseilles. La bibonnerie de mon fils. Je serai son sommelier, j'entretiendrai sa cave. Surveiller les goulots, mouiller les bouchons...

— Aïe ! Ne mords pas !

— Je suis le goûteur de mon fils. Il lui faut de la jolie qualité !... Lève ton bras, là, que je te farfouille un peu sous l'aisselle...

— Tu me chatouilles !

— Toi aussi tu as chaud, tu es toute moite ! Et ton ventre, comme il est doux, ton ventre, sous ma joue ! J'en connais un qui va être bien, là-dedans ! Veinard !

— Viens, toi aussi !

— Non, non, pas tout de suite, je me repose le plantoir. Il était survolté, il aurait fait n'importe quoi. Un coup à te planter une fille !

— Dis donc !... Qu'est-ce que ça veut dire ?

— C'est pour rire, ma chérie, c'est pour rire ! Une fille, c'est bien aussi... Une petite fille... J'aurai deux femmes.

— Tu as une âme de sultan...

— Une petite fille brune et mate, avec des cheveux bouclés...

— Qu'est-ce que tu fais, là ?

— Je la commence...

— A la main ?

— Oui, je la dessine. Tu sens ses boucles brunes, là ?

— Tu parles d'un cadeau ! Tu ne vas pas lui faire des cheveux comme des poils de pubis, non ?

— Et sa bouche. Sa petite bouche rouge qui fait des bulles... Je vais l'embrasser sur la bouche...

— Père dénaturé ! A l'inceste !

— Tu es bonne... Tu n'aimes pas que je te caresse avec ma langue?

— Mon Dieu, ce n'est pas foncièrement désagréable!... C'est même assez... plaisant... Ah! oui, si tu touches partout à la fois, c'est carrément bien... Doucement là! le clito, c'est fragile! Juste la pointe de la langue dessus, à peine, frôle-le à peine. Ou alors, prends-le entre tes lèvres, sans les dents, aspire-le délicatement... Oh! ça, ça fait vibrer partout... Ça me creuse, si tu savais! Ça me donne faim de toi. J'ai un gouffre entre les cuisses... Savoir si tu pourras le combler...

— Quoi! Qu'est-ce que c'est que ce doute insultant? Allez, on repart, larguez les amarres! La plus grosse bitte du quai, ma chérie, je l'ai choisie pour toi. Tu es assise dessus. Alors, ce gouffre? Il résonne encore?

— Non, bourré complètement!

— Hein? Même une épingle, on ne pourrait pas la passer entre toi et moi.

— Je suis pleine, pleine de toi.

— Et ce n'est pas fini! Je t'en mets encore! Ça n'arrête pas de grossir!

— Tu es gros, gros et bon...

— Tu aimes?

— J'adore!

— Comme ça!

— Comme ça, change pas, change rien...

— Bien au fond, bouche à bouche avec le fond de ton ventre, en arrière pour revenir, je me cire la bite à ton jus, ça la fait briller, reluire...

— Moi aussi, je brille...

— Brille bien fort, je t'astique, je te fais belle. Adieu la poussière !

— Viens ! Viens !

— Bien sûr que je viens. J'arrive ! Pars devant !

— Ça y est ! Ça y est ! C'est trop trop trop trop bien ! Enfile-moi bien fort, bien vite ! Galope ! Galope !

— Ouvre-toi bien, ouvre ton petit nid, voilà de la graine ! Prends tout, gaspille pas ! Tu sens ce que je te donne ?...

Le plaisir t'a jeté sur moi comme un grand navire échoué. Il y a un tambour dans ta poitrine, et tu pousses de petits soupirs qui viennent mourir dans mon cou. Tes mains ont succombé à la joie, crispées sur mes épaules, inertes. Un vaste bonheur calme m'envahit, le bonheur d'exister, de t'aimer, d'avoir voyagé avec toi aussi harmonieusement, le bonheur de suffoquer un peu sous ton corps trop lourd et terrassé d'amour.

Le bonheur éperdu, la conviction souveraine, la joie éblouie d'avoir rencontré et épousé l'homme le plus extraordinaire du monde, le plus beau, le plus tendre, le plus amoureux...

Au bout d'un moment, je gémis un peu sous toi, qui dormais peut-être et m'engourdissais partout. Tu relèves la tête :

— Ça va ?

— Mmm... La traversée m'a donné un peu mal au cœur...

— Normal ! Tu es enceinte !

— Je crois plutôt que j'ai faim. Il doit être très tard...

— Mon Dieu ! C'est vrai ! On n'a rien mangé depuis des siècles ! Attends, je m'en occupe !

Au téléphone, évidemment, il ne saurait être question pour toi de paraître sérieux un seul instant.

— Allo ?... Nous avons un problème urgent ! Ma femme vient de tomber enceinte et elle a très faim. Alors, vite, vite, montez-nous quelque chose !

C'est le préposé aux bûches de tout à l'heure qui nous apporte, d'un air effaré, une petite table roulante. La porte s'ouvre, on voit d'abord le chariot chargé de vaisselle et de plats, et puis une face humaine dépasse le chambranle, s'aventure au bout d'un cou circonspect, yeux écarquillés, bouche entrouverte.

— C'est un repas froid : il n'y avait plus personne aux cuisines !

Tu bondis hors du lit. Le garçon, prêt à la fuite, a, pour ton pyjama, une rapide lueur de reconnaissance et de soulagement dans le regard. Tu lui prends la table des mains, et il reste piqué là, très bête :

— Je pensais mettre le couvert...

Tu le bouscules :

— Non, non, pas besoin, c'est très urgent !

Le loufiat glisse un coup d'œil dans ma direction, et je le gratifie d'un petit signe de connivence attendri : « Hé ! oui ! c'est mon mari ! Il est comme ça, on n'y peut rien !... » Embarrassé et inutile, il s'empêtre un peu, bafouille, et finalement s'en va sur ses semelles silencieuses. Je te gronde gentiment :

— Tu es un peu dur avec lui !

— Qui ça? Einstein? réponds-tu distraitement en remplissant un verre de vin. Tiens ! Bois ça ! Il faut arroser tout de suite la petite graine qu'on vient de planter !

— Dis, tu commences à m'inquiéter, avec ce petit jeu. Tu n'es pas sérieux, là?

— Très sérieux. Je viens de te faire un enfant ! Tu ne l'as pas senti ? On parle de l'instinct maternel, mais, pardon, c'est une légende !

— Mais enfin... et ma pilule?

— Quoi ta pilule? Tu ne l'as pas prise, ce soir !

— Non, mais je vais la prendre !

— Non.

— Comment, non?

— Ecoute, je viens de te faire un enfant, ce n'est plus la peine de prendre la pilule ! C'est logique, non?

— Ce n'est pas logique du tout, et tu le sais bien ! D'abord, on aurait pu en discuter ensemble...

— Mais on en a discuté ! Je t'ai dit : « Quand vas-tu me faire un enfant? » et tu m'as répondu : « Tout de suite, si tu veux. »

— Mais j'ai répondu ça comme j'aurais dit n'importe quoi...

— Ah ! bon !

— Ne prends pas cet air tragique, écoute... Je croyais que tu plaisantais...

— Dis donc, quand tu m'as parlé de mariage, si j'avais cru que tu plaisantais, on ne serait peut-être pas là...

— Mais, mon chéri, en fait, je plaisantais...

— Et c'est maintenant que tu le dis? Mais alors, il n'y a rien de sérieux, pour toi!

— Si, depuis, j'ai pris notre mariage très au sérieux.

— Très au sérieux? Un mariage sans enfant?

— Mais je n'ai pas dit cela!... Mais plus tard! Enfin, on est jeunes, on a le temps! Et puis, presque pas d'argent, un tout petit appartement...

— Hou la! Oui! Alors là, oui! Là, tu prends notre mariage au sérieux! Là, on ne peut rien te reprocher! Tiens, voilà ta plaquette de pilules. Vas-y! Prends-là, Allez! Avorte! Défais ce que j'ai fait avec tant d'amour! Qu'est-ce que tu attends?

— Je rêve, ou quoi? C'est une vraie scène? Comment tu veux que je l'avale, cette pilule, maintenant, là, sous tes yeux? Tu me regardes comme si j'étais une criminelle...

— Prends-la! C'est quoi, ces délicatesses? Tu es libre, non? C'est toi, la femme, c'est ton ventre. Je croyais qu'on était d'accord. Je me suis trompé, voilà tout.

— Viens là, viens t'asseoir à côté de moi. Viens me dire un peu : comment tu voyais ça, toi, cet enfant?

— Je ne le voyais pas. J'en ai eu envie, c'est tout.

— Oui, mais dans l'appartement, tu le mets où?

— Pour l'instant, il est au chaud, à l'abri.

— Pour l'instant, d'accord, mais dans neuf mois?

— Il y a seulement deux mois, tu te voyais avec un type dans ta vie?

— Il y a seulement un mois, tu t'imaginais là, avec moi, ce soir?

— Non.

— Alors? on s'est rencontrés vite, aimés vite, mariés vite. Tu regrettes? Tu regrettes de m'avoir connu, épousé?

— Non.

— Tu crois que tu vas regretter, un jour?

— Non. Je ne crois pas.

— Bon, on a donc bien fait de se décider très vite. Un enfant, c'est pareil. A la limite, ça ne se décide même pas. Ça se désire. Si tu réfléchis, tu vas vouloir lui faire un accueil fignolé, grande maison, chambre à part, table à langer, tas de merdouilles. Et puis, quand c'est tout prêt, le gosse. On pourrait presque le commander à la Redoute. Non?

— C'est quand même rétro, ce que tu dis là! C'est le procès de la contraception, de la planification des naissances!

— Non, Je ne suis pas contre le pouvoir de décider, de planifier. Peut-être qu'un jour, moi aussi, je serai bien content de choisir si oui ou non on a un troisième enfant, et quand? Mais celui-là, le premier, au moins le premier... il ne faut pas le calculer. Je veux un enfant de l'amour avec la femme que j'aime.

— Mais, arrêter la pilule, c'est aussi calculer!

— Non, il y a une part d'incertitude. Quoique moi, personnellement, je sois absolument convaincu que je l'ai fait, cet enfant! Si tu prends ta pilule, tu le condamnes irrémédiablement. Si tu ne la prends pas, tu lui donnes ses chances. Tu ne veux pas tenter le coup? Ça nous fera un petit suspens jusqu'au mois prochain, une espèce de souvenir qu'on se sera peut-être rapporté de notre voyage. Une des fleurs de ton bouquet de mariée qui aura germé...

— Et si elle ne germe pas?

— On en reparle le mois prochain, d'accord? On se laisse quelques jours de hasard, de bohème... Quelques jours de rêves et d'espoirs...

Bien sûr, c'était toi qui avais raison. J'avais été tout près de me révolter contre ce que je considérais comme une atteinte à ma liberté, et surtout comme une décision prise à la légère, une sorte de lubie de la part d'un jeune homme heureux et insouciant. Mais désormais, pouvais-je prétendre à demeurer ta femme, à t'aimer complètement, et à sauvegarder en même temps ma liberté? Ma liberté, c'était notre liberté. Je nous croyais libres parce que seuls au monde, libres de programmer, d'organiser notre vie. Or tu venais de me démontrer à ta façon que cette illusoire liberté, cette faculté de reculer à loisir l'enfant que nous aurions un jour, c'était un terrible piège, une prison pire encore que les surprises du hasard, car elle nous rendait responsables, et donc craintifs. Ton formidable optimisme, ton formidable appétit de vivre me donnaient une jolie leçon. Et ton désir de paternité aurait dû tout de suite m'emplir de fierté, au lieu de m'épouvanter. Mais tu bouleversais ma vie à ton allure de cyclone, et j'avais parfois du mal à suivre. Avant-hier, la copine qu'on rencontre hâtivement dans une mansarde clandestine; hier ta fiancée. Aujourd'hui, ta femme. Ce soir, ta maîtresse. Et demain, la mère de tes enfants!...

Cher, cher ogre, tu tenais bien tes promesses : tu me

mangeais toute crue, moi et mes retenues, et mes pudeurs, et mes frousses, et je m'essoufflais à garder ta cadence de géant... Nous deux, c'était le mariage de la pantoufle de Cendrillon, perdue au hasard d'une fuite effarouchée, et d'une botte de sept lieues, solide et décidée à l'aventure...

Tu avais installé la table devant le feu. Je te rejoignis sur la bergère, mon verre à la main :

— Alors : à la petite graine !

— A notre petite graine, ma chérie ! Chauffe-la bien là, devant la cheminée. Il lui faut beaucoup de chaleur !

— A moi aussi, il faut beaucoup de chaleur !

— Mais bien sûr ! Viens au creux de mon bras. Mange un peu. Qu'est-ce que tu veux ?

— De tout ! Et pas rien qu'un peu, s'il te plaît ! je vais prendre mon rôle très au sérieux : je vais nourrir la graine. Je deviendrai énôôôrme !

— Ah ! non ! pas question !

— Comment ça, pas question ? Tu crois qu'on peut faire un enfant et rester plate ?

— Non. Je te veux enceinte, ronde, habitée par une graine gigoteuse qui te poussera sa tête dans les côtes. Mais pas énorme. Je veux ton ventre comme une jolie montgolfière, tes seins comme des melons, mais que le tout tienne encore à l'aise dans mes bras.

— J'ai épousé l'homme le moins exigeant du monde ! Donne-nous la becquée, en attendant, parce que ta progéniture et moi, on crève de faim...

J'ai dévoré comme une qui n'aurait rien avalé

depuis trois jours. Et bu bien davantage encore. Je me suis couchée devant le feu, avec tes jambes pour coussin. La chaleur me pénètre partout. Tu me caresses le cou. Je m'abandonne à une bienheureuse léthargie, quand ta voix me parvient, de très loin, là-haut, au-dessus de moi :

— Quelle est la suite du programme?
— Dodo!
— Comment, dodo? Mais la nuit n'est pas finie!
— Je me sens vidée!
— Tu peux te plaindre! Qu'est-ce que je devrais dire!
— Je crois que je débute une grossesse pathologique, moi.
— Allons! Des idées, tout ça! Secoue-toi!
— Ça fait tard pour le petit!
— Oui, c'est l'heure où les bébés dorment, et où les parents vivent leur vie. Ne commençons pas à nous laisser grignoter.

Et tu t'es allongé contre moi, tout contre, ton ventre collé à mon ventre, et tes grands bras autour de moi, serrés très fort. De tout près, je voyais des grains d'or dans tes iris malicieux.

— Tu ne sens rien, là?
— Si, pardi! Il y en a encore une qui a le museau en l'air!
— Et raide, hein? Tu as vu comme elle se pelotonne entre tes cuisses? Elle reconnaît sa niche, maintenant. On l'installe?
— Bôf! Tu sais, la niche, c'est pas le grand confort,

à l'heure qu'il est. Froide, rétrécie, sèche, un peu douloureuse...

— Eh ben, eh ben!... Une gentille bestiole comme ça, que tu as complètement apprivoisée, qui ne connaît plus que toi, tu ne vas pas la laisser à la rue? Regarde-la! Elle sort toute seule de mon pyjama pour te voir! La douceur même! Pas de cornes, pas de griffes, pas de dents. Tu vois? Une petite gueule bien fendue, toute lisse, regarde dans le trou : des gencives de bébé. Elle ne va pas te mordre!

— Caresse-la encore un peu, pour me montrer. J'aime bien. Déshabille-la.

— Je la déshabille : je lui roule le col, bien loin, je tire dessus. Tu vois? Ça l'ouvre. Elle adore. Et je referme. Allez, bestiole, remets ta cagoule! Ça y est! y a plus personne. Encore?

— Oui! Encore! Jusqu'à ce qu'elle devienne comme une grosse cerise très mûre, brillante, perlée. D'un pourpre comestible. Un gros bigarreau juteux...

— Si je te fais une grosse cerise, tu la lèches?

— Oui.

— Alors je vais te mûrir ça tout de suite.

— Dis donc, tu secoues fort?

— Les fruits, ça a besoin de chaleur : il faut frotter vite et fort. La branche grossit, durcit. Tu entends? Elle claque dans ma main comme du bois.

— Attention, le cerisier, ça casse net!

— Pas de danger, je t'assure! Je te pousse un de ces rameaux! Et au bout de la branche, la cerise. Ça te va, là?

— Encore un peu. Qu'elle transpire un peu; ça, ça m'excite beaucoup.

— Qu'elle transpire, bon ! Je te concocte ça, une petite liqueur de cerise, un sherry à ma façon. Tiens, toi, mets ta main là, chauffe-moi les couilles. La distillation part de là. Chauffe l'alambic. Ah ! ça vient, regarde !

— Une petite goutte transparente comme du miel...

— Mets ta langue dessus. Suis la petite goutte, avec la pointe de ta langue, le long du filet. Là. C'est très bon. Gobe la cerise, maintenant. Très loin au fond de ta gorge, en continuant toujours tes caresses avec la langue. Ah ! cette cerise, j'ai l'impression qu'elle devient une pomme d'api. Une pomme d'amour. Tu sais, ces grosses pommes des fêtes foraines, trempées dans du sucre rouge, vernissés ? Mange-la comme un gros bonbon, un grand sucre d'orge. Descends plus bas, lèche-moi les couilles aussi. Et puis remonte jusqu'en haut, jusqu'à la fente. Encore. Bien consciencieux. Rends-moi fou ! Un peu plus vite ! Non, plus doucement ! Plus long ! Plus court ! Juste la tête. Agace le trou avec ta langue. Reprends-moi, tout entier, bien fort. Tète un peu, aspire-moi. Ça coule ? Je sens plus ma bite, là. Elle devenue folle. Elle se débat toute seule. Applique-toi bien. Pompe-la, pompe-la bien. Tu apprends vite. Heureusement que tu n'avais pas d'expérience... Tu m'as chauffé comme jamais... Tu vas me faire partir, bientôt, bientôt, fais attention ! Tu veux que je te garde ma dose, que je te bourre avec, ou tu la bois ? Tu veux bien l'avaler ? Pompe-moi bien, je vais laisser filer... Ah... Ça y est, là, j'éclate... Tu me vides !!!...

— ... Tu l'as eue, la cerise, la branche, l'arbre, tout,

foudroyé, plus de sève, tout donné... Tu as aimé? Quel goût ça a?

— Je t'ai senti vivre et mourir dans ma bouche. C'est un pouvoir grisant que tu m'as donné là... Un goût, justement, un peu noisette, un peu écorce, âpre et doux à la fois...

— Ça t'a réveillée?

— Complètement réveillée. La niche aussi. J'ai mis le chauffage, la lumière, tout, mais l'invité ne viendra plus, j'ai l'impression...

— Fais voir ça?... Mais c'est vrai : intérieur climatisé, chaud et humide, une vraie petite serre!... Tu entends ça, toi? On t'a préparé une crèche, interdiction de débander!

— Tu crois que tu l'impressionnes?

— Mais j'y compte bien!

— Il me semble qu'elle baisse la tête quand même!

— Montre-lui! Montre-lui ce qu'elle rate!

— Regarde, bestiole, sous ma chemise : j'ai une chaumière pour toi. Tu vois le toit de paille? J'écarte le camouflage, les rideaux de l'entrée. Tu vois le vestibule? Doux, si tu savais... La maison de Hansel et Gretel. Quand on y passe la tête, on ne peut plus reculer. Il faut qu'on aille lécher dans les coins. Tu n'en veux pas, de ma cabane de sorcière, de ma maison à la groseille et à la framboise?... Non, on dirait qu'elle n'en veut pas! Elle ne doit pas aimer les contes de fées.

— Essaye autre chose.

— Bon. On va faire dans le hard. Hansel et Gretel, elle doit trouver ça gnangnan... Je vais lui raconter la Belle et la Bite. Regarde, la Bite, tu vois ce bouton, là, en haut? C'est une lanterne rouge. Dessous, c'est un sacré bordel. J'ai une connasse qui est la reine des putes et des pipeuses, et si tu lui rends une petite visite, tu le regretteras pas. Tu remarques? Elle tète déjà dans le vide. Si je lui mets un doigt, elle me l'avale dare-dare, et elle en redemande. Si j'étais toi, la Bite, je jetterais un coup d'œil de plus près. Cette petite dégueulasse va commencer par te prendre par le cou, t'embrasser sur la bouche, te peloter partout, et, crois-moi, ça va être dur de résister. En moins de deux, elle te congestionne complètement et te fait cracher ton foutre, t'auras pas eu le temps de réaliser ce qui t'arrive!... Ah! J'ai l'impression qu'elle a dressé l'oreille!

— Continue! T'arrête pas de lui parler! Tu nous subjugues!

— Mieux encore! Dans mon clandé, j'ai une salle spéciale. Regarde bien : le trou qui rend fou, le tunnel de l'extase. Etroit, serré, ferme, élastique. Même mon doigt a du mal à passer si je ne le mouille pas. Tu t'engages là-dedans, et tu deviens dingue. Un corset de suçons, un étau de caresses. Ça ne te dit rien? Une jolie pute de luxe : encore pucelle. Elle attend le gros client qui va la faire éclater. Jamais servi, toute neuve. Elle se collera contre toi comme une ventouse lascive. Tu veux pas lui rendre son pucelage, lui faire craquer la charnière?

— Là, je crois que tu l'as convaincue! Regarde cette tête de serpent fasciné! Sûr qu'on va te la faire craquer, la charnière, tourne-toi!

— Hé! Doucement! Pas si vite! Un peu de tendresse, d'abord ! Je ne sais pas si je suis prête, j'ai peur !

— De quoi !... Publicité mensongère ! Un boniment pour attirer le pékin, et puis rien de concret ?

— Le boniment, c'était pour voir si j'avais un pouvoir érotique sur toi...

— Et maintenant, j'en fais quoi, de celle-là ? Je me la mets autour du cou ? La déception va me la flétrir...

— Je n'ai pas dit catégoriquement non. Mais sois gentil. Surtout pas de gestes brusques... Et cette étincelle diabolique dans ton regard... Je t'assure, tu m'as glacée d'effroi...

— Alors viens là, que je te réchauffe, que je te parle à l'oreille. On a peur de son gentil mari, si délicat, si tendre ? Je serai très doux, je ferai très attention, je te le promets. Tu me la donnes, cette petite pute vierge qui nous a si fort aguichés, cette sangsue, cette ventouse, cette bague vorace ? Tu me la donnes pour être toute à moi, pour que je sois ton homme partout, partout chez moi ? Je vais me faufiler entre tes fesses comme une anguille, ça va te chatouiller, te mettre le feu.

— Une anguille ! Une anguille ! On dirait plutôt un boa ! Regarde la tête qu'elle fait ! Elle est énorme, cette tête !

— Mais non ! C'est tout à fait compressible ! Tu vois bien qu'entre deux doigts j'arrive à l'aplatir !

— Ça ne rentrera jamais !

— Ça rentrera !

— Pas à sec, comme ça !

— Tu veux que je la mouille ?

— Le beurre, là, sur la table !

— Le beurre, voilà ! Viens là, ma petite tartine.

— Pas rien qu'à moi. On va lui faire un shampoing, à elle aussi. Comme ça, bien partout, bien onctueuse.

— Si on frotte trop fort, on va sentir la friture ! Regarde-moi ça ! C'est plus une bite, c'est un sumo japonais, un lutteur grec !

— Oui ! un lutteur grec, la nationalité est de mise !

— Quand je mets mon doigt, là, ça ne te fait pas mal ?

— Ton doigt, non, au contraire, mais le gros sumo japonais, j'avoue qu'il m'angoisse.

— Ne t'angoisse pas : ça va te contracter. Viens contre moi, contre mon ventre, recule encore, ma levrette, je vais prendre ton petit cul...

— Doucement !

— Le plus doucement possible. Je me pose. Je pousse un peu l'anneau, là, décontracte-toi bien, tu cèdes petit à petit...

— Ah !

— Ah, là, ça m'a échappé. C'est le beurre : ça dérape. Je t'ai mis la tête. Tu la sens, là ?

— Oh ! Non ! Une paille ! Un cheveu ! ! !

— Alors je continue...

— Arrête !

— J'arrête... Mal ?

— J'éclate ! Surtout ne bouge plus !

— Tu veux que je m'en aille ?

— Non. J'essaie de m'habituer...

— Pourquoi ?

— Parce qu'en même temps, j'aime ça. C'est terrible et fabuleux... Et toi, comment tu te sens ?

— Hou la ! Une taille de guêpe ! Avec une envie d'aller voir plus loin ce qui se passe !...

— Essaie, juste un millimètre...

— Un millimètre...

— Encore un peu...

— Ça commence à te plaire, là, non ?

— Encore ! Va au fond ! Remplis-moi !

— Et je bouge ?

— Et tu bouges ! Et tu me baises fort, tu me tringles, je veux sentir tes couilles s'écraser sous mes fesses, et dessous, mets-moi des doigts dans le con, parce qu'il se sent tout vide et tout seul, il mouille de désespoir, bourre-moi partout, partout, je suis une bombe, et la mèche, c'est ta queue, qui brûle... Jamais, jamais, je n'ai senti ça, cette pression, cette puissance en moi, ça monte, ça monte, tu vas me faire jouir partout à la fois, je ne croyais pas que c'était possible, de se faire mettre aussi bien, aussi bon, aussi à fond... Même si tu étais encore plus gros, je te prendrais. Un tronc d'arbre, je le prendrais. J'ai l'impression d'avoir un cul profond, profond, une grotte que tu as découverte en forçant un petit passage de rien du tout...

— Je te lime fort, là, ça coulisse à rendre fou !

— C'est le beurre !

— La prochaine fois, on mettra du lait, et tu verras, je t'en fais, moi, du beurre !

— Fais-moi de la crème, là, asperge-moi ! Je crois que je vais te sentir foutre, j'ai le ventre qui comprend tout, qui a des nerfs partout, qui veut tout, et qui jouit, qui jouit...

— Tiens ! Prends ça, avale tout, c'est pour toi ! Je

t'en mets plein plein le cul, ma petite pucelle, ma petite pute déverrouillée!...

Je te croyais endormi. Ton souffle lourd et régulier, ton corps abandonné, tes paupières closes... Je me suis dégagée très doucement de tes bras. J'avais la main sur la poignée de la porte lorsque tu t'es soulevé, un peu étourdi :

— Encore dans la salle de bains! Attends-moi!

Cette fois, il n'était pas question de passer par tes quatre volontés. Je me précipitai dans la petite pièce, et refermai la porte à toute vitesse.

Tu étais déjà derrière, à tambouriner : « Laisse-moi entrer! » J'ouvris les robinets tout grands et décidai de t'ignorer...

Lorsque je suis ressortie, tu étais tout à fait éveillé. Tu m'attendais, étendu sur le lit, avec un air un peu ironique :

— Explique-moi comment tu fais pour te laver partout à la fois, dans la baignoire, sous la douche, au lavabo, et même, je crois, au bidet?

— Mais je ne me suis pas lavée partout à la fois!

— Et ces déluges d'eau?

— C'était pour que tu n'entendes pas.

— ???

(J'aime ta façon d'écarquiller les yeux quand tu es surpris : elle est drôle et attendrissante.)

— J'ai fait des bruits pas très jolis...

— Ah!

— Et c'était d'ailleurs à cause de toi... Non! Ne dis pas que je dépoétise tout! Je ne dépoétise rien, puisque ces bruits, je ne voulais pas que tu les surprennes. C'est toi qui insistes pour savoir. Tu aurais bien dû t'en douter !

— Mais... Je m'en doutais !

— Alors, tu vois ! Tu t'amuses à m'embarrasser d'une question, et tu ne supportes pas la réponse !

— J'essaie moi aussi de vaincre mes pudeurs, peu à peu.

— Et crois-tu que ce soit nécessaire, et même seulement souhaitable, d'abdiquer toutes ses pudeurs pour l'autre ? Pour le moment, c'est délicieux. Chaque fois qu'on dit ou qu'on tente quelque chose d'un peu... audacieux, ça crée un petit choc passablement excitant. Mais combien de temps va-t-il encore exister, ce petit choc, si on le suscite trop souvent, hein ? Je crois qu'il est bon quand même de garder une certaine réserve...

— Un fond de réserve...

— Voilà !

— Les robinets ?

— Les robinets ! C'est de cette pudeur soigneusement entretenue que naîtront les meilleurs moments. Sérieusement, tu imagines ce que deviendrait notre vie si on prenait l'habitude de laisser toutes ses portes ouvertes, chaque fois sur... sa toilette, ou bien sur... ses fonctions intimes ? Si je n'avais jamais fermé mon verrou, aurais-tu eu l'idée, tout à l'heure, de me suivre dans la salle de bains et d'exiger... Je n'ose même plus le dire ?...

— Hou ! Mais c'est une véritable leçon de morale ! Je ne pense pas à tout ça, moi, quand je vais pisser !

— Et tu laisses souvent la porte ouverte !

— Oui, mais moi, ce n'est pas pareil !

— Tiens donc ! Et pourquoi ? Parce que tu pisses debout et que tu me tournes le dos ? Et ça suffit à ton désir de discrétion ? Mais ça ne me suffit peut-être pas, à moi !

— C'est pour ça que, parfois, tu es venue regarder par-dessus mon épaule ?

— Je l'attendais, celle-là ! Oui, quelquefois j'ai regardé, tentée par une taquinerie, amusée, ou bien peut-être choquée ? C'est une attitude essentiellement contradictoire de laisser la porte ouverte et de tourner le dos aux gens !

— Je m'assiérai désormais !

— Voilà ! De la dérision ! Moi, je te parle sérieusement. Si j'ai regardé par-dessus ton épaule, j'ai eu tort. Et tu as eu tort de m'y encourager par une attitude négligente. Peut-être que moi aussi ça m'aurait plu de te contempler pour la première fois, et d'exiger un vrai spectacle, solennel et tout... Tandis que là, je suis dépossédée !

— Oh !

— Un peu. Un peu dépossédée. Enfin, il me reste encore beaucoup de choses...

— Heureusement !... Et... peut-on savoir lesquelles ?

— Des tas de choses que tu as oubliées parmi tes premières fois précédemment citées...

— Mais encore ?

— Tu verras bien.

— Tu m'inquiètes !

— Tant mieux !

Tout en parlant, j'étais venue m'allonger à ton côté, et tu me caressais sans vraiment y penser à travers ma chemise. Sans y penser non plus, je me tortillais un peu, car tes mains chaudes sur mes seins semblaient les animer d'une vie, d'un fourmillement, d'un frisson qui leur étaient propres. J'avais comme deux tourterelles essoufflées sur la poitrine, et je sentais leur halètement et leur émoi sans vouloir y prêter attention. C'était un plaisir à l'état pur, non organisé, non pensé, parallèle en quelque sorte à l'instant, et je retardais un peu le moment de m'y consacrer entièrement, tant j'étais fascinée par ce pouvoir que tu avais déjà sur moi de me dédoubler, de parler à mon esprit avec des phrases, et à mon corps avec tes mains... Finalement, je capitulai...

— Tu apprendras à me caresser?
— Pourquoi? Je ne sais pas le faire?
— Tu renonces trop facilement... Je parle de caresses... précises.
— Oui, j'apprendrai. Je ferai tout ce que tu voudras. Tout.
— Je veux que tu aies les clés. Les clés de mon corps. Les passe-partout. Je veux que tu saches me plaire n'importe quand et toujours, que ta bouche, tes mains, ta queue, ta peau, ton regard, tes mots, ton souffle, ton silence puissent m'ouvrir plus vite et plus fort que n'importe qui. Je veux pouvoir te tromper un jour...
— Quoi?
— ... Te tromper un jour, et me dire : « Comme c'est bête, ce que je fais! Comme c'est dérisoire! Venir

manger le pain sans sel avec celui-là, quand j'ai chez moi le miel et le lait, le vin et les épices... »

— Je suis ton festin !

— Rigole bien ! Je veux aussi être le tien. Oter le charme aux autres femmes. Qu'elles te paraissent fades, que leurs gestes et leurs paroles te déçoivent, et que tu reviennes vite, vite entre mes bras, entre mes jambes, comme chez toi.

— Tu sais, je ne suis pas encore parti !

— Ça arrivera, mon amour, ça arrivera... Mais si l'on est très soigneux, tous les deux, très attentifs, on se donnera toujours les moyens de résister, de lutter. Que notre intimité nous soit une armure. Pas sans faille : il faut respirer. Mais une carapace solide contre les gros coups. Les mortels. Tu comprends ?

— Je comprends : on va se vacciner à la caresse.

— Voilà ! Entre autres, à la caresse. Que désormais les caresses qui nous viennent d'ailleurs soient bénignes. Sans gravité aucune. Seules les nôtres, celles que je te donnerai, que tu me donneras, seront imparables. Alors, bien sûr, il faut qu'on les perfectionne !

— Bien sûr !... Surtout les miennes, d'après ce que j'ai compris ?

— Non, pas surtout les tiennes ! Mais c'est vrai que si tu me laisses me caresser toute seule, si tu m'y encourages, parce que tu as l'impression que ça va mieux pour tout le monde, alors je pourrai toujours me faire plaisir, toute seule, et avec n'importe qui. Tandis que si peu à peu tu revendiques une responsabilité plus grande, tu vas me devenir indispensable. Je ne pourrai plus jouir sans toi !

— Finalement, tu regrettes un peu le temps des ceintures de chasteté, avec cette symbolique de la clé?

— Oui, peut-être.

— Envie d'être à moi, alors, de m'appartenir?

— Ne va pas en déduire que je rêve secrètement d'être une femme-objet, une femme-cadenas! Mais envie d'être à toi, oui! Ou alors, pourquoi je t'aurais épousé?

— Pour que je sois à toi!

— Oui, ça aussi. Je suis pour la ceinture de chasteté, à condition que tu la portes aussi. Quant aux clés, on ne les cache pas, mais j'aimerais autant que nous soyons les deux seuls à savoir nous en servir.

— Mais tu n'es pas contre le fait que d'autres essayent?

— Pas vraiment. Au contraire!

— Pourquoi?

— La victoire! La petite victoire malicieuse, savoureuse, de se dire chaque fois : « Cette clé, sans le mode d'emploi, ce n'est rien! »

— C'est dangereux! Imagine qu'un jour, quelqu'un possède le mode d'emploi?

— Impossible! Un mode d'emploi fignolé au fil des jours par une amoureuse complicité, la tendresse, l'habitude...

— Vilain mot!

— Oh! Que non! Tu trouves que c'est vilain, une clé luisante, polie, comme huilée par l'usage, et qui tourne sans bruit dans une serrure accueillante jusqu'au miracle?

— Et si un jour, ça nous faisait envie de tâtonner, de faire grincer la serrure, de recommencer un rôdage ailleurs ? Si un jour quelqu'un nous inspirait l'envie de lui donner le mode d'emploi ?

— Mais ça arriverait encore bien plus facilement si le mode d'emploi n'existe pas !

— Oui, mais si tu taquines le diable en disant aux gens : « Allez-y, voilà la clé, essayez, je parie que vous n'y arriverez pas ! », tu prends des risques !

— Et si tu te bandes les yeux, en te répétant : « Les gens existent autour de moi, mais je ne veux pas les voir, je ne veux pas être tenté, et je garde ma clé ! », tu te trouves beaucoup plus héroïque ?

— Beaucoup plus héroïque, non, mais plus tranquille, oui !

— Tranquille !!! Et tu n'aimes pas le mot « habitude » ! Il ne faut pas être tranquille ! En amour, jamais. Il faut tirer sur la corde ; s'émerveiller tant qu'elle résiste, et se dire, si elle casse, que dans le fond c'est qu'elle n'était pas si solide ! Entre nous, je veux une corde à toute épreuve, mais je veux pouvoir l'éprouver !

— Mais... La corde, le verrou, la clé... Ce mariage, c'est une prison, pour toi !

— Une prison consentie. Avec des barreaux élastiques. Je m'évade si je veux, et je reviens parce que je veux. Je veux être libre de ne pas être libre. Et idem pour toi !

— Ma chérie ! Toujours si simple ! Il ne doit pas y avoir beaucoup de mariées qui, le soir de leurs noces, tiennent ce genre de propos...

— Tu aurais préféré quelqu'un de banal ?

— La banalité a parfois quelque chose de rassurant...

— Parce que ça t'aurait rassuré que je te déclare, la main sur le cœur : « Mon chéri, je t'aimerai toujours, et il n'y aura jamais que toi dans ma vie ! » ?

— Ça ne m'aurait pas déplu...

— Mais enfin, j'ai dit mieux... J'ai dit : « Mon chéri, j'essaierai toujours de t'aimer, et de te préférer. » C'est plus honnête, non ?

— Voilà ! C'est ta définition de la femme honnête ! Celle qui prévient qu'elle ne le sera pas toujours...

— Celle qui s'engage à ne pas faire un drame de la réciproque...

— Mais moi, je n'envisage pas déjà...

— Mon amour, tu n'envisages pas déjà !... Tu n'envisages pas, mais tu dévisages les jolies femmes, et tu apprécies leurs regards. Tu es un séducteur typique...

— Jalouse ?

— Bien sûr ! Et j'aime ça !

— Pourquoi ?

— Ça me donne envie de lutter, de rivaliser, de gagner. C'est excitant, stimulant. Et puis, ça me rend fière d'être ta femme. Les regards, les désirs des autres te donnent du prix. Et ton regard sur les autres me prouve que tu n'es pas indifférent à leurs charmes, mais, jusqu'à présent, ce sont les miens que tu as préférés. Je me trouve au sommet d'une espèce d'échelle des valeurs. Il faut que je sache y rester. C'est mon problème.

— Et je devrais tenir le même raisonnement ?

— Il me semble !

— Avoir toujours envie de te séduire ? Apprécier

quand on te drague que ça donne du tonus à la conjugalité ?

— C'est ça !

— Mais moi, j'ai d'autres armes ! N'oublie pas que je viens de te faire un enfant !

— Oh ! Ça !!! Ça !!! Ça s'appelle de la provocation, ou je ne m'y connais pas ! Eh ! bien, tu vas être déçu ! Je ne vais pas m'indigner le moins du monde ! Au contraire ! D'ailleurs, j'allais t'en parler ! Tout à l'heure, j'ai peur d'avoir été un peu distraite, pendant l'ouvrage. Alors, on va recommencer, et fignoler. Cette fois, je vais m'y mettre comme il faut, et c'est moi qui vais te le faire, cet enfant, tu entends ? Et peut-être qu'un jour, il sera aussi mon arme secrète. Peut-être qu'un jour tu penseras : « Ma femme a vieilli, ou bien c'est moi qui ne la vois plus comme avant... Je n'en suis plus aussi amoureux. Mais... c'est elle qui m'a fait ces adorables gosses, personne ne pouvait les réussir mieux, je lui dois une fière chandelle... »

— Arrête ! Arrête ! Tu me fais des frissons !

— C'est bien fait, tu tends la verge pour te faire battre !

— Ah ! tu as remarqué ?

— Il faudrait être aveugle !... Tu es vraiment inépuisable !

— Mes maîtresses m'avaient surnommé « Priape » !

— Et tu osais me dire il y a seulement quelques heures que tu étais puceau !

— J'ai dit : « un peu, à ma manière... »

— C'est quoi, ta manière ? C'est où ? C'est là ?

— Aïe ! Non, pas là !

— Si, justement, là ! là, tu es puceau ! Laisse-moi entrer ?

— Non ! J'aime pas ça !

— De quoi ? On se refuse ?

— Mais qu'est-ce que ça t'apporte, à toi ?

— Comment, qu'est-ce que ça m'apporte ? Plein de choses ! D'abord, l'excitation d'avoir trouvé un truc qui te fait réagir, un tabou, comme tu dis. Le désir violent de le transgresser. La divine impression de te prendre un pucelage, d'être la première. Le plaisir sadique de t'humilier un peu, de te faire un peu mal, de t'inquiéter, pour après te consoler. L'espoir de te donner un nouveau plaisir. L'ivresse de te pénétrer, moi aussi. De t'envahir. De te sentir étroit, profond, chaud, mystérieux, inconnu encore... La fierté trouble d'être à la fois initiatrice et bourreau, et un peu mâle. La délicieuse ambiguïté qui te rend un peu femme, parce que creux... Tu ne dis plus rien ? A quoi tu penses, là ?

— A la terrine de beurre...

— J'y pensais aussi... Attends-moi, je reviens. Déshabille-toi, pendant ce temps-là : je ne voudrais pas tacher ton joli pyjama. Quoique...

— Quoique ?

— On pourrait le pendre à la fenêtre demain, pour montrer que le marié était vierge !

— N'importe quoi !

— Allez ! Donne-moi ton cul ! J'espère que tu as bien peur, hein, bien honte ?

— Attends ! Fais voir tes ongles, d'abord !

— Quoi, mes ongles ? Ils sont jolis, polis, ovales, pas trop pointus... Tu ne sentiras rien...

— Fais voir !

— Ah ! Ça suffit, ces caprices ! Si tu insistes, je te les montre après. Et là, là, ce sera peut-être ton tour de mourir de confusion...

— Oh ! Mais elle est odieuse !...

— Non, j'essaie, moi aussi, de conjurer la routine !

— Et ça minaudait pour une chaussure trop petite !... Aïe ! ! !

— Voilà la réponse de la chaussure ! Ça t'apprendra ! Comment elle est, la mienne, de chaussure, hein ?

— Le brodequin de la question !... Arrête ! Arrête ! Pas si loin !

— Si ! De plus en plus loin !

— Arrête ! C'est intenable ! Tu as mis combien de doigts ?

— Mais un seul, et le plus court : le pouce !

— Le plus gros, oui !

— Mais il me laisse le reste de la main libre ! Tu ne trouves pas ça agréable, que je te caresse les couilles en même temps ?

— Je trouve ça épouvantable ! Arrête, je te dis ! Tu vas me faire débander !

— Ça n'a pas l'air !

— Et ne remue pas ! Ne remue pas ! Je vais mal me tenir ! Je vais salir les draps !

— Aucune importance ! Au contraire ! Tu m'as regardée pisser ! Moi, je te verrai chier !

— Au secours ! J'ai épousé une scatophile ! Une sadique-anale !

— Voilà ! Tu m'imposes ta présence aux toilettes : tu es merveilleux, tu braves la routine... Je te mets un pouce dans le fondement, et tu épluches le dictionnaire des déviations sexuelles...

— Arrête ! Je me sauve !

— Ah ! Malheureux ! si tu te soustrais trop brutalement à ma possession, je ne réponds de rien ! Tu vas te siphonner tout seul !

— Tu me fais mal !

— C'est toi qui te fais mal : tu es tout crispé. Détends-toi un peu ! Il ne peut rien t'arriver, je n'irai pas plus loin, va !... Et puis, je te bouche bien !

— Oui, mais ça me titille...

— Ce n'est qu'une impression : je ne sens rien sous mon doigt. Il n'y a pas urgence !

— Tu dis de ces choses !

— Tu n'aimes pas ? Tu sais, je m'oblige un peu, pour toi, pour toi tout seul...

— C'est gentil, merci.

— Oui, c'est gentil. Ironie interdite. Cette nuit, c'est ma nuit magique, je me métamorphose...

— Cendrillon, encore ?

— Oui, et tout le reste. Je sors de ma chrysalide. C'est douloureux parfois, mais c'est nécessaire...

— Douloureux et passionnant, tu as les yeux qui brillent !

— Ta queue aussi brille depuis que je l'astique. La météo, une fois de plus, a eu tort : elle n'a pas débandé. Zone de haute pression...

— Il y a pire, pour la pression...

— Encore mal ?

— A peine... J'ai juste une soudaine compassion pour les hannetons de notre enfance...

— Parce que, bien sûr, toi, tu les paillais !...

— Je me repens, si tu savais...

— Avec ce que tu m'as mis tout à l'heure, tu as le toupet de râler pour un petit pouce de rien du tout !

— Ecoute, si vraiment tu te trouves mesquine, enfile-moi le poing !

— On y pensera... C'est une idée à retenir...

— Ben voyons !...

— Bon, trêve de marivaudages ! On passe à du sérieux. On va se consacrer à cet enfant !

— Mais il est déjà fait !

— On va peaufiner. Tout prévoir, ne rien laisser au hasard. Toi, tu es sûr d'avoir envoyé la graine. Mais est-elle arrivée à bon port ? A-t-elle été repérée ? Rien de moins sûr, je n'étais pas absolument motivée. Une solution de rattrapage : tu me remets une dose et là, l'ovule glouton, alerté, bien réveillé, se tapit en embuscade. Il saute sur sa proie avec enthousiasme. Entre deux giclettes, il y a des milliards de possibilités...

— Et s'il a déjà sauté ?

— On n'a rien à perdre ! Et puis, il peut peut-être ressauter, et on se fait des jumeaux !

— D'une extrémité à l'autre !... Et... Explique-moi le rôle de ton pouce dans cette opération ?

— Très simple : d'abord, bien réveiller l'ovule, lui chatouiller l'appétit. Ce qui m'excite, moi, le rend, lui, complètement fou. Et puis, tout bien contrôler, du début. Je suis, là, au centre de tes émois, de ta passion, près de ton usine secrète. Quand tu vas préparer la charge, je le sentirai. Alors, moi, je préparerai l'ovule. Un vrai rencard, précis à la micro-seconde.

— Tu sais, mon usine secrète, ce n'est pas tout à fait ça ! Là, ce serait plutôt une usine à déchets...

— Je ne voudrais pas entamer, en cette minute de notre histoire à tous les trois, un débat philosophique...

— Non, mais vas-y quand même, va, j'ai peur de rater quelque chose...

— L'être humain, en fait, n'est qu'un déchet... Il est conçu de sécrétions, germe pendant neuf mois tout près de distillations putrides, et il arrive au jour, la plupart du temps, après de longs efforts de type défécatoire, le nez sur de la merde... Je ne vois donc pas pourquoi, dans ce tas d'immondices, tu ne mettrais pas un peu du tien...

— Je ne sais pas... Aïe !... Je ne sais pas si je m'habituerai un jour à la bizarrerie de tes raisonnements...

— Jamais ! Surtout, ne t'habitue jamais, mon amour, laisse-moi toujours croire que je peux te surprendre chaque jour ! Et maintenant, aime-moi bien fort, et pense bien fort à ce que nous faisons...

— Je me demande si je pourrais penser à autre chose...

— Je vais te monter dessus. Garder mon doigt au chaud. Te pomper doucement, doucement en me balançant sur toi...

— Ne m'ouvre pas trop. Je t'assure, ça me bouleverse !

— Mais j'y compte bien ! Un futur père, ça doit être bouleversé ! Et ouvert aussi. Il faut que nous soyons des parents très ouverts. Tu sens comme je m'ouvre, moi, sous ta queue ? Ouvre-moi le cul, aussi, si tu veux. Dilate-moi. La création, la naissance, ce n'est qu'une dilatation à l'univers. Tu imagines ce que vont devenir mes trous pour que la tête de notre petit arrive à la lumière? Le col de l'utérus, douze centimètres de diamètre, le vagin, autant, et, s'il ne prête pas assez, clac! le périnée qui saute. L'anus, trois à quatre centimètres...

— Arrête! Tu m'angoisses!

— Autant commencer à élargir tout de suite!

— Et moi, dans tout ça?

— Tu es un nouveau père, tu te prépares avec moi à l'accouchement, tu t'élargis aussi.

— Là, je m'y crois vraiment!

— Tu vois, c'est toi qui le mets au monde, d'abord. Envie de pousser?

— Oh! Oui!

— Alors pousse. J'aime sentir tes mouvements, tes pulsions de vie, de mort, tes besoins de délivrance et de création. Il y a un élan essentiel, un dynamisme, là-dedans!

— Tu ne crois pas que tu es en train de te concocter un orgasme intellectuel?

— Intellectuel! Avec cette bête sauvage qui rôde dans mes fourrés, cette goule, ce vampire suceur de foutre, cet ovule boulimique qui attend son quatre heures! Intellectuel, quand j'ai un incendie de forêt dans le con et dans le cul, et que je ne sais plus où ton bois va prendre racine! Et peut-être que si tu as les pouces verts, tu vas me faire un enfant derrière aussi!

— Tu aimes ça, te faire fourrer, hein?

— J'adore! J'adore! Et toi, tu n'aimes pas?

— J'aime ton exigence, et ta fougue, et ton imagination...

— Et mon doigt?

— Aussi, oui!

— Dis-le-moi encore!

— J'aime ton doigt, dans moi, ce qu'il fait, la douleur qu'il cause, la peur, le délire, l'impression d'éclater pour toi...

— Moi aussi, j'éclate. Est-ce que tu sens comme la paroi est mince et élastique entre mon con et mon cul? Est-ce que tu touches ta queue à travers ce mur vivant? Tu la touches?

— Oui, je la touche, et ça m'excite, je me caresse du bout du doigt à travers toi.

— Et moi, dans ton cul, je sens des contractions, des frissons... Ta fièvre monte, monte... J'ai un thermomètre infaillible... Tu es chaud, torride, et tu bats comme un cœur.

— Je suis fou...

— Fou de plaisir... Tu sonnes le rassemblement? Tu fourmilles... Appelle-les tous, tous, les petits têtards à longue queue, les petits crocodiles. Fais-moi une invasion. Je choisirai le plus beau, le plus dodu, le plus doué, et je le boufferai. Il va y avoir un mariage dans mon ventre : garde ta queue enfoncée le plus loin possible au moment où elle crachera. On va jouer au loup. C'est bon... Qui va se faire dévorer? Compte tes soldats. Compte-les : on vérifiera...

— Et s'il en manque un après la bataille...

— On saura, on saura qu'il est tombé dans le piège...

— Prête?

— Presque, oui. Ouvre-moi le cul : ça ouvre tout le reste.

— Frotte, frotte-moi bien la bite, attention, attention...

— Compte à rebours?

— Plus de temps...

— Tant pis ! J'y vais aussi !

— Tu as joui?

— Et c'est pas fini ! J'ai lâché le fauve, il remue encore... Cette fois, c'est sûr, on a planté du solide !

— Tu peux me lâcher aussi, alors?

— Attends ! Attends ! Que tout s'apaise. Ne pas trop agiter le berceau dans les premières minutes... Laisse le petit s'endormir. Il vient de vivre sa première aventure, la plus forte...

— La nôtre n'était pas mal non plus...

— Toi qui t'étonnais de mon vocabulaire, de mon analyse « mariage-prison »...

— Et bien?

— Et bien voilà que nous avons en commun une cellule !... Et demain, deux...

— Et après-demain quatre, et dans neuf mois, des milliards de cellules, pour un petit prisonnier de plus...

— Et nous ne serons plus un couple.

— Mais une cellule familiale... Pourvu que ce ne soit pas le bagne !

— Et quand le petit prisonnier voudra s'évader, tu seras là?

— Cette question !

— Vraiment là? Pas gêné, embarrassé, dégoûté, effaré?

— Mais rien! Rien de tout cela, je t'assure, empressé, efficace, fasciné, émerveillé, utile, indispensable, irremplaçable!... Encore plus que ce soir, si c'est possible... Mais...

— Mais?

— Je veux bien participer de tout mon cœur et de toute mon âme, mais j'aimerais autant que ce jour-là tu évites, sous prétexte de m'associer, de me poignarder le derrière!

— Quelle idée!

— Avec toi, je me méfie, tu comprends... Je pense à la réaction de l'équipe médicale...

— Quelle équipe?

— Comment, quelle équipe?

— Alors là, je te préviens tout de suite; je ne veux que toi! Pas question de me farcir tous les doigts de toutes les sages-femmes de l'étage et de leurs stagiaires! Pas question d'aller me jucher sur leur ridicule table à leviers, manettes, étriers, cuvettes et tout ce qui s'ensuit!

— La table à fantasmes?

— A fantasmes, peut-être, mais pas à la naissance! La naissance de notre enfant est une affaire privée qui se passera de brancards, d'appareils, de table acrobatique...

— Ça m'aurait bien étonné que tu daignes accoucher comme tout le monde!

— Ce n'est pas de ma faute si les femmes sont folles et si elles ne se révoltent pas! Leurs cliniques sont des boucheries, et leurs tables d'accouchement, des chevalets de torture. Je ne veux pas me mettre les jambes en l'air pour qu'un accoucheur puisse travailler à l'aise devant ma déchirure !

— Ah ! Alors, pas de jambes en l'air, pas d'accoucheur !

— Les jambes en l'air, uniquement pour l'amour ! Et l'accoucheur, à la limite, mais très petit, très discret, et qui travaille à quatre pattes, ou, comme un bon mécanicien qu'il devrait être, couché sur le dos. Mais l'idéal, évidemment, ce serait...

— Ce serait ?

— Rien que toi et moi, avec cette grosse affaire, cette grosse douleur, l'évasion de notre prisonnier, entre nous. Je gémirais et je crierais tant que je voudrais, et tu me bercerais contre toi. Et quand je sentirai mon fruit trop lourd descendre vers la terre et m'y courber, je voudrais pouvoir me pendre à ton cou comme à un grand arbre solide et puissant, et plier doucement les jambes, presque à poser les genoux, et puiser dans ton regard la force nécessaire pour me déchirer, et me délivrer ensemble de notre enfant...

— Il faudrait mettre un coussin par terre, pour éviter que le fruit ne se tale...

— Oh ! Toi ! Peut-on rêver longtemps, avec toi ?

— Mais oui, ma chérie, rêve, rêve aussi longtemps que tu voudras. J'aime tes rêves, surtout quand j'y ai ma place...

— Depuis que je t'aime, je n'ai plus de rêves où tu n'aies ta place, tu sais...

— Alors, rêve encore, rêve encore, et raconte-moi...

— Je voudrais, mon amour, t'aimer toujours, et toujours plus fort et...

— Et?

— Prends-moi très fort contre toi, je vais te dire des choses tristes. Je t'aime déjà tellement qu'il m'arrive de trembler en pensant qu'un jour on sera peut-être séparés, par la vie, ou par la mort...

— Ça y est ! Elle pleure !

— Je pleure d'amour, je rêve pour toi, c'est joli, non?

— Tu es trop romantique, ma chérie...

— Je suis comme je dois être. Quand on aime, on n'est jamais trop romantique, ni trop craintif.

— Ni trop heureux.

— Ni trop heureux. Et pourtant, si tu savais... C'est déjà un miracle, pour moi, d'être là ce soir. Je redoutais qu'il ne nous arrive quelque chose avant ce soir. J'avais tellement envie d'être ta femme ! J'en suis parvenue à des sortes de prières bêtes, des pactes avec je ne sais qui. Je me disais : « Si ça doit arriver, au moins pas avant le premier soir, s'il vous plaît?... Après je me résignerais peut-être, mais pas avant le premier soir... »

— Et moi? Je ne me résignerais pas si facilement, moi !

— Jure-moi qu'on va vivre tous les deux, qu'on va s'en tirer !

— Mais se tirer de quoi?

— Du bonheur ! Moi, j'en ai peur !

— Mais je te le jure ! On s'en tire très bien ! Ça n'a rien de mortel, rien de grave !... Dis, ça t'arrive souvent, ce genre de tristesse?

— Pas vraiment. Quand j'ai un peu bu, quand je suis fatiguée, quand je vais avoir mes règles...

— Ah ! ça, je te le défends bien !

— ... Quand je suis émue, quand je doute, quand je suis heureuse...

— La liste est encore longue ?

— Quand je me sens coupable...

— Mais de quoi ?

— De pleurer, par exemple...

— De mieux en mieux !

— Quand je sens que j'agace, que j'insiste, que je ne devrais pas, quand j'ai l'impression qu'il va être difficile de me consoler...

— Mais c'est une histoire sans fin, ça ! Ecoute-moi : c'est vrai, les larmes, ça me désarme !

— Même les miennes ?

— Oui.

— Il faudra faire un effort, alors...

— Tu as l'intention de pleurer souvent ?

— L'intention ! L'intention ! Voilà ! Mettez-leur quelqu'un de sensible, de délicat dans les pattes et... et... voilà ! L'intention ! ! !

— Ecoute, excuse-moi, mais je suis tout de même un peu dérouté...

— Un peu !... Pauvre chéri, j'ai du chagrin, et c'est toi qu'il faut plaindre parce que tu es « un peu dérouté » !

— Mais pourquoi as-tu du chagrin ? Est-ce que j'ai fait ou dit quelque chose de blessant ?

— Pas du tout ! Pas du tout ! Justement, c'est ça que tu ne comprends pas. On est bien ensemble. Je t'aime. Je t'aime jusqu'à l'angoisse de te perdre...

— C'était bien la peine de prendre tes airs de petite bonne femme raisonnable ! Et « tirons sur la corde ! », et « trompons-nous ! » et je ne sais quoi encore !...

— Mais tu n'as rien compris ! Rien du tout ! Cette bonne femme raisonnable, elle n'existe pas ! C'est un masque ! C'est pour me rassurer. Au fond, il n'y a que moi, et moi, je ne suis pas raisonnable, je suis fragile !

— Alors, je récapitule tout : n'accorder aucune importance à toutes tes démonstrations apparemment logiques et sainement mûries. En déduire, quand tu argumentes, que tu doutes, et quand tu pleures, que tu es heureuse. Mais si on n'arrive pas à te consoler de ce faux chagrin, ça t'en occasionne un vrai, qui est encore plus inconsolable... C'est à peu près ça ?

— Vraiment à peu près...

— Tu conseilles quoi ? heu... Je m'adresse là à la pseudo-femme raisonnable, tu conseilles quoi comme remède ?

— Beaucoup de tendresse, beaucoup d'humour, un peu d'émotion, aussi. Surtout ta présence. Pour le reste, je m'accommoderai de ta psychologie rudimentaire...

— Psychologie rudimentaire ? non mais ! Tu vas recevoir la première fessée de ta vie conjugale !

— Non ! Au secours ! Il est fou ! Arrête ! Mais c'est qu'il le ferait ! Aïe ! Mais tu me fais mal ! Méfie-toi ! Je te mords ! Lâche-moi !

— Que non, que non ! J'aime bien te sentir gigoter comme ça, sur mes jambes ! Hein ! une jolie fessée, bien drue ! Plus tu te tortilles, et plus tu t'offres ! Si tu savais ce que je vois ! Tu es profonde, oh ! profonde et boisée comme une forêt, et ton sillon ressemble, de derrière, à l'entaille fraîche qu'on vient de tracer dans une futaie... Avec une clairière ou deux, lisses, mystérieuses. Tiens ! Là ! Une grotte secrète ! Encore une claque pour la voir bondir, s'ouvrir un peu...

— Aïe ! ! !

— Je te chauffe ?

— Tu me brûles !

— Avec mes mains, ou avec mes mots ?

— Avec tes mains !

— Mais n'empêche que tu mouilles drôlement ! Tu as le con béant et trempé, le cul gonflé comme une fleur qui éclate, et tu sens la femme chaude, la cramouille en folie !...

— Avec tes mots ! Avec tes mots !

— Je te brûle avec mes mots ? Et toi, regarde le pouvoir de ta craquette sur moi !

— Oh ! le dégueulasse ! Ça le fait bander de me battre !

— Quand tu veux, là, je t'attends !

— De pied ferme ?

— Archiferme ! Je vais te baiser d'arrache-pied !

— Doucement !

— Non, pas doucement ! Vite et fort ! Tu vas regretter tes perfidies, fillette ! Tu regrettes, j'espère ? Tu es envahie de remords ?

— Envahie !

— Tu es à moi ? Toute à moi ? Ouvre, ouvre encore !

— Je ne peux pas, ouvrir plus, je peux pas ! je suis toute à toi, toute à toi !

— Hou ! Quelle cadence !

— Je te secoue?

— Une tempête!

— Tu sens mes couilles?

— Les cloches de Notre-Dame!

— Je vais te sonner l'heure, moi! Tu vas entendre un de ces carillons! Tu aimes le sacristain?

— Je l'adore!

— Tu aimes te faire mettre, bourrer, ramoner, raboter?

— Hum! C'est plus le clocher, là! C'est l'assaut du bélier sur la porte de la cathédrale! Quelle poutre!

— Ho! Hisse! Ho! Hisse! Esméralda, ouvre ton cul, ouvre la nef! Voilà les truands! Tu les vois? Tu les vois tous?

— Quelle troupe!

— Ils vont tous te baiser, tous. Tu vas y passer vite fait. J'ai des dizaines de queues pour toi, toutes différentes. Comment tu la trouves, celle-là?

— Epaisse et courte; elle tourne en rond, elle s'énerve, elle m'arrondit le con...

— Et celle-là?

— Pointue, pointue, elle me perce la peau du ventre, elle m'agace la vessie, elle va me faire pisser...

— Et celle-là?

— Longue, longue, dure, elle éclate dans mes reins. Têtue, obstinée, ça, c'est un bandit noir et velu, puissant, peut-être borgne, il sent l'alcool...

— Et celle-là?

— Oh! Oh! Délicate, celle-là! Celle-là, c'est un timide, un faux boiteux, un faux aveugle de la cour des miracles, un gentil. J'ai envie de le garder un peu, lui...

— De t'amuser avec?

— De le gougnoter un peu, de m'appliquer à sentir sa forme dans ma fente. Il glisse bien, il vole presque. Du travail d'artiste, un numéro de funambule...

— De funambule sur son fil... De fil en aiguille, tu sens? Je pique à la machine...

— Tu me brodes le minou...

— Je te fignole une de ces petites dentelles... Tourne-toi! On va dépayser la bête... Recule contre moi, viens que je t'enfile à la petite cuillère...

— La petite cuillère?

— Tu n'as jamais vu des cuillères rangées dans un tiroir, bien sagement, l'une dans l'autre?

— Tu crois que les cuillères?...

— Bien sûr! Viens par là, que je te mette le manche. La pute, fais la pute, j'ai besoin d'un coup de fouet, moi aussi...

— Rappelle Esméralda! Les Bohémiennes, ça a des dons étranges. Ça noue et ça dénoue les aiguillettes. Ça délie les langues et les bourses. Ce serait dommage de ne pas en profiter. Avec une paire pareille, tu dois être plein de foutre! Je vais t'astiquer le dard jusqu'à ce que tu jutes, tu vas faire connaissance avec mes sortilèges. Laisse faire la Gitane, cette allumeuse, cette fumeuse! Quel tabac! Je te le promets! Tu sens comme j'aspire fort? Plus je te fume le cigare, plus il s'allonge, bizarre, hein? Je te le rends incandescent. Tu peux voir? Sors-le de moi! Regarde! Il bouge tout seul. Plus fou, plus gros, plus rouge, tu meurs... Tu veux le remettre au four? Non, non, pas tout de suite; non, non, le désir s'accroît quand les fesses reculent, tu ne m'auras pas! Pourtant, j'en ouvre une grande, chaude, moelleuse, baveuse, du miel en fusion !... Tu voudrais bien me le planter, ton gros chibre, mais pas tout de suite, pas tout de suite ! Regarde bien la crevasse qui rend dingue, le trou qui pompe, et le bouton, tu l'as vu ? La même tige que toi en miniature, mais fière aussi, non ? Quelle allure ! Raide sous mon doigt ! Dément ! Non, pas encore, pas encore ! Regarde la place que je te fais : gigantesque ! Quatre doigts à la fois : Notre-Dame et le parvis, je te joue un mystère. Admirable, pas vrai, l'ogive de la voûte, le nacré des vitraux ?... Non, te dis-je ! Je me fais mon film toute seule : « Branle-bas dans la basilique... » Tu sais ce que c'est qu'une chapelle ardente ? On dit que c'est pour les morts... Comment que je te le réveillerais, moi, le mort, avec ma paroisse en délire, mes parois de plomb fondu !... Esméralda a le feu au cul, mon amour, mais un drôle de feu ! Un brasier, un bûcher, une forge ! Avis aux poutrelles d'acier, aux barres, aux madriers, une métallurgie pareille, même croupe, ça l'aurait estomaqué ! Les aciéries de Vulcain, les rendez-vous du diable... Tu vois, à quatre pattes, la sorcière Esméralda et sa chèvre, c'est tout pareil. Tu n'as pas envie d'une chevrette, d'une biquette qui t'ouvre son cul, qui se tortille pour toi ?

— Ah ! ma salope, cette fois je te tiens ! Tu vas gueuler, je te le prédis ! Quasimodo est un horrible Capricorne qui va te défoncer le ventre ! Je t'emboutis à fond, là, qu'est-ce que tu en dis ?

— Après le Bélier de tout à l'heure, je me fais tous les troupeaux des parages, tout le zodiaque !

— Du Taureau ! Tu veux du Taureau ? Sans me vanter...

— Je veux tout ! Cette pute de Pasiphae ne sera plus la seule à s'être fait grimper comme ça !

— Pasiphae ?

— Tu connais pas ? On apprend ça tout petit : elle s'est ouvert le cul à deux mains pour se faire tringler par une pine de taureau !

— Montre-moi, et je te fais la suite.

— La suite ?

— Le zodiaque ! Je te fais le Sagittaire, prends ma flèche !

— Comme ça !

— Mieux que ça ! Je te fais les Gémeaux : un coup devant, un coup derrière. Deux triques à la fois, ça te dit ?

— Aïe ! Et moi, je fais la vierge !

— Encore ! Mais je t'ai déjà ouverte là !

— Dis donc, tu n'imagines pas que je suis restée béante, à espérer ton retour ?

— Mouille-moi, si tu veux m'enculer...

— Le Verseau ! On l'invite : je vais t'arroser le cul, t'inonder la pastille. Je passe la bague, maintenant, on se marie !

— Revoilà le Taureau, et gros, encore !

— Et ici ?

— Ici, le Scorpion, la queue vive, précise, agile...

— Et là ?

— Le Lion ! Puissant, pesant, terrible !

— Là !

— Poissons ! Anguille, murène, à folâtrer dans mes eaux...

— Et là? Et là?

— J'en suis à la Balance, à ne plus savoir où c'est mieux...

— L'équilibre?

— L'hésitation...

— Devant? Derrière?

— Devant! Non!... Derrière! Non!...

— Et si je te faisais partout, partout à la fois? Tu es large, tout à coup, large, là derrière, avec deux doigts je ne te comble pas, et mon pouce avec ma queue, là-dessous, tu les sens ensemble?

— Ah! ça, c'est le Cancer! Le crabe qui pince, le dévoreur!

— Je te farfouille très très loin. Je touche de ces choses!

— Quasimodo, tu es un bouc dégueulasse, un porc... Tu vas tout casser, j'explose, là!

— Tu exploses, là? Tu pars, tu démarres, tu t'envoles?

— Presque, mais tu m'écartèles en même temps...

— Tu jouiras à force d'être tendue! Donne-moi tout!

— Non, ça, je ne peux pas, pas ça, pas maintenant!

— Pousse très fort, que je te sente, que je sente tes boyaux qui bougent, ta vie qui descend...

— Non!

— Promets-moi qu'un jour...

— Je te le promets...

— Un jour, rien que pour moi...

— Un jour, rien que pour toi... Je ferai toutes les saloperies du monde, parce que je t'aime, mais...

— Trop tôt encore?

— Oui... Trop tôt... Trop tard... Ça y est, tu m'as expédiée...

— Alors, j'arrive aussi... Promets... Promets...

— Promis ! Promis... Promis...

— Il était bon, le dernier coup, hein, mon chéri ?

— Il était bon, oui, très long, très bon...

— Tu as sommeil ?

— Un peu, je crois...

— Tu veux éteindre ? Le jour ne va pas tarder à se lever. Prends-moi dans tes bras.

— Mais tu es dans mes bras.

— Encore plus près, plus fort... C'est la première fois qu'on s'endort ensemble.

— Oui...

— Enfin, « ensemble » ! J'ai l'impression que tu as pris de l'avance...

— ...

— Tu dors ?

— Nnnnon...

— Si ! Tu dors ! Ne dors pas tout de suite, pas encore ! Ne me laisse pas toute seule !

— Mais je suis là ! Je flotte juste un peu...

— Ou alors, emmène-moi avec toi, endors-moi avec toi...

— Viens, viens, ferme les yeux, mets ta joue là, tes pieds là, viens, écoute, il pleut encore...

— Je n'entends qu'à moitié, j'ai un côté sourd à la pluie, celui qui repose contre toi. Une oreille pour la pluie, et une oreille pour ton cœur. Ce sera toujours comme ça, maintenant. Sans toi, je n 'existerai qu'à demi.

— Ma moitié?

— Ou ton double, si tu veux...

— Ma siamoise...

— Quelquefois...

— Oh! souvent, j'espère!

— Combien de fois, demain?

— Sais pas... Tout le temps, partout... Musées, restaurant, partout...

— Il faut dormir, alors, pour prendre des forces...

— Faudrait, oui...

— Emmène-moi dans tes rêves...

— Tiens-toi bien fort, on va s'embarquer...

— ... Dis?

— Mmm?

— Tu crois qu'on se rappellera tout, de cette nuit?

— Tout!

— Je ne vais plus savoir où me mettre!

— Moi, je saurai bien, va!

— Ecoute mon secret à moi :

T'aimer cette nuit, c'est me dire
Que nos souvenirs les plus doux
Nous restent encore à venir :
Les souvenirs sont devant nous...

— O promesse! Baudelaire?

— Non, moi...

— Tout simplement... A l'heure qu'il est... Tu ne veux pas essayer de fermer une paupière, juste une?

— On capitule? Et si je te redisais de grosses saletés, tu ne crois pas que?

— Mais alors grosses, grosses, hein?

— Ecoute bien : Mon chéri...

— Ah!

— Mon amour...

— Je sens que ça va marcher...

— Ma douceur...

— Hou! la cochonne!...

— Mon petit prince...

— Ça y est! Irrésistible! Je bande!

— Mon étoile du berger...

— Arrête! J'en peux plus! insoutenable!

— Je t'aimerai toujours...

— Mais où vas-tu chercher des cochonneries pareilles?

— Je te suivrai partout...

— Grossière!

— Je te soignerai si tu es malade...

— Poissarde!

— Même si tu es infirme...

— Grosse dégueulasse!...

— Même si tu deviens vieux, moche et grognon...

— Non, tu m'as mis une de ces triques, avec tes pornographies!

— Je t'aime...

— Ah! Aaaaah! Ça y est, là, j'ai joui! Désolé, j'étais à bout!

— A moi, à moi, maintenant?

— Si je te branle le mental, tu dors après?

— Juré !

— Ma chérie...

— Hum, pas très original ! Plus hard, quand même !

— Ma mignonne...

— Non, je ne te sens pas, là, va plus loin...

— Ma puce, ma petite chatte, ma bichette...

— Ah ! là, là, peut-être...

— Tu es la femme de ma vie...

— Encore !

— Et sans toi...

— Allez ! Encore !

— Sans toi, les fruits n'auraient plus de goût, le ciel plus d'étoiles, la mer plus d'eau, les arbres plus de feuilles, la confiture, plus de sucre, les oiseaux, plus de couleur, ma vie, plus de sens, mes mots, plus de suite, ma solitude, plus de fin, mon plaisir, plus de plaisir, ma bouche, plus de baisers, mes mains, plus d'amour, mes yeux, plus de lumière, sans toi, sans ton regard malin sur mes errances d'homme, sans ton fantôme brun pour velouter mes jours, sans ta fièvre, sans ta fougue, sans ta peau épicée pour aguicher mes lèvres, sans ton ventre pour ma joie et pour mon avenir, sans ta main dans ma main, sans tes fruits pour ma soif et sans ton cri d'amour, sans tes promesses, sans tes aveux, sans ton rire, sans tes pleurs, sans ta sagesse et ta folie, et ce rayon si chaud de ta tendresse, sans tes oui et tes non, et tes pudeurs et tes émois, sans ton prénom partout, et ta silhouette sur mon futur...

— ...

— Tu dors?... Elle dort!... Dors bien mon amour!...

— ... Dis, tu bandes, là?
— Non, là, ma chérie, c'est mon avant-bras!
— Ah!... Je t'aime...
— Oui, j'en ai bien l'impression!...

NUIT VIKING

La fête devait durer trois jours, mais tous n'étaient pas venus en même temps. Elle, elle était là depuis le vendredi après-midi, elle était arrivée un peu perdue, étourdie encore du long voyage, timide, de cette timidité paradoxale qui lui était personnelle, et qui mêlait la curiosité et la frousse de connaître des gens. Le premier soir déjà, celui du vendredi, elle avait conjuré l'angoisse, d'une façon drôle et inattendue, elle avait séduit une femme et un vieil homme, s'était donnée quelques heures dans la nuit à l'une, et promise à l'autre.

C'est le samedi qu'elle l'a vu. Vu seulement, perçu à l'orée de son regard, et remarqué, presque inconsciemment, parce qu'il était grand. Très très grand. Avec les cheveux du Petit Prince, en roux. Désiré aussitôt, aussitôt oublié, avec un renoncement immédiat, qui tenait de la paresse, et d'une crainte déguisée en intuition. « Ce garçon-là, qui passe si au-dessus des autres, qui danse un peu en marchant, qui attire les coups d'œil, est sûrement accompagné. Sûrement pas pour moi. Sûrement très haut, très inaccessible, lointain, étranger... » C'était sa timidité qui revenait, muselait son audace, interdisait jusqu'à l'esquisse du rêve. Après, elle ne se rappellerait jamais à quel moment précis de la matinée elle avait, une fraction de seconde, caressé sa prunelle à la chorégraphie de cette longue silhouette élastique, à ces boucles rousses et envolées qui moussaient là-haut, autour d'un visage de poète.

Elle l'avait revu en fin d'après-midi, très involontairement. Comme elle buvait à la terrasse du café de la place, avec des compagnons charmants, le délicieux Pierre, quelques tables plus loin, l'avait hélée d'une grimace comique d'ostensible dépit. Elle était venue s'asseoir quelques minutes auprès de lui, et il était arrivé aussi, l'Autre, le Très Grand. S'était plié dans un fauteuil, un peu cassé partout, et pourtant détendu. Pierre et lui, qui semblaient se connaître depuis longtemps, l'avaient taquinée ensemble. Presque ensemble. Pierre posait des questions coquines, et le Grand riait en renversant la tête avec les éclats indécents et joyeux de l'Amadeus de Milos Forman. Il avait un visage d'ange gai, sans âge, pétillant. A son oreille brillait un diamant. Elle devinait de la douceur en lui, dans sa voix, dans ses mots, dans sa joie d'être là et son aisance à rire...

Elle s'est levée, les a quittés pour traverser devant eux la place. Elle sentait leurs yeux d'hommes aguichés sur sa robe moulante. Leurs regards la brûlaient. Celui du Grand cuisait moins fort, mais pénétrait plus avant.

Un peu plus loin, un peu plus tard, à une autre

terrasse, elle s'alanguissait aux compliments de deux vieux messieurs bien différents.

Le géant est arrivé, avec sa tête à marcher sur des semelles de vent, et son diamant qui scintillait au ras des boucles rousses. Il a dit, en arrondissant, pour rire, des yeux de croquemitaine féroce : « Moi, je suis un grand Viking. » Elle s'est mise à rêver de douces violences, et de combats pacifiques, avec de larges gestes incantatoires, et l'assaut d'un grand guerrier farouche, et sa lutte cadencée, et sa victoire, et sa défaite, et sa blessure secrète, et le cri qu'il lancerait aux étoiles, son visage renversé, ses longs bras tendus vers le ciel pour implorer, pour remercier... Elle a dit : « Je vais me changer pour le repas. Gardez-moi une place à table. » Ses deux vieux amoureux ont acquiescé, mais quand elle est redescendue dans la salle de restaurant, le Viking lui a désigné la chaise près de la sienne...

Il a placé son coude tout près de son coude à elle. Tout près. A le frôler d'abord. A le toucher ensuite plus souvent. Puis, petit à petit, à ne plus le quitter, à le polir, à s'y frotter. Il avait remonté ses manches de chemise. Elle voyait sa toison rousse de Viking couvrir jusqu'aux poignets ses avant-bras. Elle résistait à l'envie de l'effleurer. Elle ne voulait pas s'offrir, pas encore. Seulement qu'il la prie, qu'il la presse, qu'il la réclame, d'une main légère, au début, posée là par hasard, pour demander « Donne-moi du pain », ou « Tu veux de l'eau ? »... puis de gestes plus appuyés, une caresse sans équivoque sur son épaule nue, un baiser dans le cou, un contact long, jambe contre jambe, de la cuisse à la hanche, un bras à sa taille, un murmure à son oreille... Il a joué le jeu, galant, serviable, enjoué, empressé. Amoureux. Câlin. Intuitif et génial. Elle ne luttait pas. Quand il a, sous la table, avancé sa main, elle a ouvert la sienne, et leurs deux mains se sont fait l'amour, ventre à ventre, largement dépliées, extasiées chacune du contact de l'autre. Il bougeait les doigts, enfonçait les phalanges entre ses doigts à elle, la pénétrait d'un index autoritaire et doux, d'un majeur péremptoire. Elle s'est reprise un peu, a fermé le poing. Il l'a serré dans sa grande poigne chaude. Elle a rouvert sa main, il a rouvert la sienne et leurs mains se sont pendues l'une à l'autre, emboîtées, serrées, sa petite main à elle dans sa grande main à lui, carrée, solide, décidée, sa main qui disait : « Je te tiens, petite, tu es à moi, ce soir. Le grand Viking va t'emmener », et sa menotte de fillette, revenue loin au pays d'enfance, se laissait emprisonner et guider, paume émerveillée, pouce séduit, couché, rivé autour de celui du maître, doigts fermés et confiants, repliés comme des bêtes apprivoisées.

Après les fiançailles de leurs mains sous la table, il s'est déchaîné, le Viking. Il a soulevé sa robe, lui a pris le genou, le mollet, a coulissé jusqu'à sa cheville des doigts arrondis en bracelet... Elle se retenait de gémir, et sa chair, malgré elle, palpitait sous l'étreinte, durcissait, s'offrait... Quand il est revenu à ses genoux, et reparti en sens inverse à la découverte de ses cuisses, quand il a tenté de les séparer, elle a protesté un peu, s'est resserrée, a chuchoté qu'on les regardait, et c'était vrai, on les regardait, en face d'elle Régine ouvrait des yeux mi-amusés, mi-scandalisés, mais sans s'émouvoir, le Viking, à peine penché, déléguait innocemment son long bras gauche vers les places qu'il voulait envahir et soumettre. Ah ! Si elle avait osé, elle aurait à son tour exploré, d'une main précise et possessive, les trésors de ce géant tranquille qui la chamboulait sans souci de la compagnie... Mais, par décence vis-à-vis de ses amoureux et de sa partenaire de la veille, elle gardait une douloureuse réserve.

La douleur a empiré quand le Viking est parti, a déserté la table pour quelques minutes. C'était la fin du repas, on chantait, et quelqu'un a pris sa place, pour se joindre à la chorale improvisée. Alors il s'est mis à lui manquer, et ce vide, cette absence, ont allumé en elle un désir bien plus torride encore que toutes les caresses dont il l'avait charmée jusque-là. Elle s'est retournée. Il était revenu, s'était résigné, assis derrière elle. Il a fait une drôle de grimace, navrée, enfantinement rancunière contre le voleur de chaise. Elle a compris qu'elle commençait à l'aimer. Quand tout le monde s'est séparé, elle lui a demandé le numéro de sa chambre.

Il avait laissé sa porte entrebâillée. Elle s'est sentie attendue. Elle arrivait fraîche et parfumée comme une épousée, sage dans un peignoir pastel bien croisé. Il a souri en la voyant, étonné tout de suite parce qu'elle avait pensé à emporter ce déshabillé-là dans ses bagages. Déshabillé ! Elle a haussé les épaules averties : « C'était pour traverser l'hôtel. » Elle l'a ôté. Dessous, la chemise arrondissait son décolleté noir sur ses seins bruns. Il a ouvert les bras, les a refermés sur elle, elle s'est pressée très fort contre lui, il bandait, le géant, à une hauteur inhabituelle. Ils ont basculé sur le lit. Elle a commencé, serrée à étouffer dans ses grands bras, une petite danse du bassin, une ondulation voluptueuse qui écrasait rythmiquement son ventre et son pubis sur le ventre du Viking. Et le Viking répondait. Elle a eu peur de leur impatience, elle a murmuré : « Attends, attends, il faut attendre, pas si vite, j'aime quand ça dure longtemps. » Il a ri, toujours verrouillé autour d'elle, toujours frénétique contre sa chair féminine. « Bien sûr, bien sûr, j'ai tout mon temps, tout mon temps... », et elle, toujours farouche et trémoussée, toujours haletante, suppliait encore : « Attends, attends... »

Ils se souriaient à pleins yeux, à plein visage. Elle a exigé l'obscurité, pour mieux donner ses secrets, parce qu'elle est pudique. Il a promis, juré : « Tout ce que tu voudras, on fera tout ce que tu voudras et comme tu voudras. » Ils ont laissé la salle de bains allumée, et poussé la porte. Un petit rai de lumière verte l'a éclairée quand elle s'est recouchée sur lui. Il a mis ses grandes mains autour de son visage, a caressé ses cheveux, ses épaules, son cou, a commencé une longue, longue exclamation, qui devait durer jusqu'au matin, pour lui dire qu'elle était belle, qu'elle lui plaisait, qu'il la désirait depuis le premier café, la première terrasse où il l'avait vue et trouvée si mignonne, si douce, si attirante, il se sentait gigantesque à côté d'elle, elle était petite, pour lui, elle était sa petite femme, sa petite femelle, sa petite pute, et il allait lui faire des choses fabuleuses, à commencer par lui lécher sa petite chatte, la lui manger, la lui boire jusqu'à ce qu'elle crie de joie... Elle lui a ouvert ses cuisses, son sexe. Il a plongé en elle, gourmand, l'a fouillée d'une langue curieuse, avide. Quand elle a ri trop fort, parce qu'il la chatouillait, il est revenu à elle, a poursuivi sa litanie passionnée, a soupiré qu'il était fou de sa peau dorée, qu'il avait envie de la renifler, de la bouffer partout, il l'a mordue ici et là, au menton, au cou, a célébré son ventre de femme, ses cuisses d'adolescente, ses seins bronzés... Elle se prêtait à ses folies, à ses baisers à bouche mouillée, elle parlait aussi, elle délirait, elle racontait comme il l'avait séduite de son grand rire insouciant et de son œil bleu tendre, bleu malin, à ses mèches rousses, dont elle découvrait l'infinie douceur, l'inattendue finesse, elle accrochait des doigts nerveux, elle l'enivrait de gestes et de mots délicieusement crus, le chevauchait, légère, et soudain plus impétueuse, commentait ses frissons, sa convoitise, décrivait son émoi... Le bout, juste le bout, qu'elle voulait d'abord, et qu'il attende un peu, que ça s'ouvre tout seul, que ça mouille, que ça appelle, et après tout son barreau à fond, elle demandait qu'il la ramone avec, qu'il la lime bien long, en élargissant un peu aussi, partout, dans le con, et elle, elle se caresserait le bouton, elle espérait que ça ne le dérangeait pas, qu'elle se touche en même temps, de toute façon, elle ne savait pas faire autrement, elle ne pouvait pas jouir sans ça.

Lui sous elle montait des hanches à sa rencontre et protestait bien gentiment que non, ça ne le gênait pas du tout, au contraire, au contraire, qu'elle fasse tout, tout ce qui la tentait, c'était ça qui lui plaisait, elle était si femelle, si animale, si femme, il l'aimait déjà tant, il sentait qu'il allait l'adorer, elle était délicate et obscène comme il fallait... Il promettait des merveilles, qu'il allait la fourrer à fond, de tous les côtés, il faisait des prières pour qu'elle ait du plaisir à mourir toute la nuit, il avançait, reculait, capitulait parfois, soudain hors d'elle et inquiet, ravi... comme ça allait être dur de tenir, avec cette petite pute qui se déchaînait, et tout ce qu'elle disait. Mais il aimait ça, ce qu'elle faisait, et les mots qu'elle prononçait, il adorait qu'elle parle, il voulait qu'elle raconte encore... Il bandait dur et rouge, bien décalotté, il coulait, goutte à goutte, les gouttes étiraient un long filet gluant de sa queue à son ventre, elle s'amusait à taquiner de sa langue le frein tendu, et le gros gland fendu qui s'arrondissait ferme, et la tige nerveuse, jusqu'aux couilles, jusqu'au cul. Elle l'a léché partout, partout, et pris partout. Il n'a pas résisté. Ce qu'elle désirait, elle l'obtenait, son cul ouvert et moite, profond, chaud, serré autour du pouce qu'elle y a glissé, elle l'a eu, et sa danse de sorcier en transe, et ses mots de Viking torturé, et sa tendresse extasiée, et ses serments déments, et ses mirages d'enfant... Il rêvait de la foutre en tous sens, de la couvrir de sperme, de la barater, de la voir, de l'ouvrir, de la voir ouverte, il attendait qu'elle chante, qu'elle crie, il l'a investie partout, aussi, lui, a mis les doigts dans tous ses trous, devant, derrière, comme elle voulait, en mouillant bien, en arrondissant bien, et sa queue, il l'a poussée doucement, doucement, elle a eu mal, elle s'est plainte, il est parti tout de suite, ils ne l'ont pas refait, ça restera à faire s'ils se retrouvent un jour, elle a demandé à s'asseoir sur lui, jambes ouvertes sur ses jambes à lui, au bord du lit. Tout de suite il a dit oui, mais devant la glace, devant la glace... Pour rire, elle s'est recoiffée, et puis deux talons par terre, elle a cavalé sur sa bite, monte et descends, comme aux chevaux de bois, elle a joui vite, en criant, ce n'était que la vingtième fois, il a ordonné qu'elle se retourne, toujours empalée sur sa queue, face à lui, elle a pris une crampe au mollet, mais elle ne pouvait pas s'arrêter, elle jouissait encore, et encore... et de l'autre côté du lit, et au pied, à la tête, debout, couché, assis, il la besognait rude et tendre, avec des mots de miel et de feu qui coulaient entre eux comme un fleuve inépuisable. Elle le galvanisait : « Regarde, regarde comme tu m'ouvres », elle lui montrait la fente, le trou, le gouffre où il pilonnait, il regardait, les yeux piégés, sa bite folle avalée et crachée par le con de sa petite femelle volcanique qui n'en finissait pas de psalmodier ses louanges, et dont les doigts frénétiques, au cœur de ses émois, marquaient un tempo magique.

C'est quand il l'a prise par-derrière, à quatre pattes au bord du lit, qu'il a craqué, le grand Viking. Il s'est enfoncé en elle, accroché à ses hanches. Elle a caressé, de ses fesses, le buisson roux qui couronnait sa bite, et puis elle a entamé un hymne irrésistible, a clamé qu'à chaque coup de boutoir, il lui envoyait des ondes dans le cul, quand il lui bourrait la chatte, c'était comme s'il lui avait ramoné le cul avec, tellement les chocs étaient forts, et résonnaient en elle, et elle en demandait encore, la petite salope, elle en réclamait, elle reculait contre ses couilles à les écraser, elle menait un sabbat d'enfer, avec ses cris de sorcière et ses ruades de jument cabrée. Alors le Viking a perdu la boule, il a lâché son grand bateau dans la tempête, toutes rames perdues, toutes voiles dehors... Dans la tornade, il a gueulé avec elle, et la bourrasque les a jetés essoufflés sur la plage fraîche des draps froissés, où ils ont entendu les battements de leurs cœurs comme un tambour de noces primitives... Ils ont râlé de volupté, d'abord abandonnés à leur fatigue, là où le plaisir les avait couchés, puis rapprochés, aux bras l'un de l'autre, doux et reconnaissants, et saisis par le miracle de leur rencontre...

Ils ont partagé le verre d'eau de la convalescence. Il a allumé une cigarette. L'allumette a jeté un bref éclair orange sur le désordre de leur île. Elle était blottie sur son épaule gauche. Chaque geste qu'il faisait lui envoyait une bouffée terrible d'eau de toilette et de sueur mêlées, et elle poussait son nez dans le creux de son aisselle pour y débusquer des parfums du désir... Après, ils ont recommencé encore, et encore... D'autres assauts, d'autres jeux, d'autres cris, des aveux, des tendresses, des menaces pour rire, des soupirs... Elle se rappelle avoir grincé, tonitrué, juré, brandi au plafond des poings que la joie survoltait, elle se rappelle la voix du Viking enrouée de plaisir, et les accents plus clairs de ses facéties et de ses interjections, ses oh ! là ! là de gosse, ses divagations de poète, ses turbulences d'animal libre, la douceur de sa salive, l'allégresse de ses caprices, et tous les « je veux... » qu'il a prononcés, et tous les dons qu'il a suscités, elle se rappelle qu'elle a accordé sans limite et reçu plus encore...

Quand ils ont décidé de dormir, il a prêté encore un

peu son épaule, allumé une dernière cigarette. Elle a parlé. Il répondait, gentil, un peu hagard, d'un timbre plus lointain que la fatigue assourdissait. Il s'est tourné, le dos contre elle. Elle a embrassé son épaule, a tiraillé une mèche bouclée, une fois ou deux. Aux portes du sommeil, il a sursauté, bronché comme un cheval qu'une mouche dérange. Il se reprenait, la quittait. Elle s'est faite petite, plus petite encore qu'elle avait été jusque-là, sur le bord du lit, les yeux ouverts dans le noir pour penser au bonheur de son aventure.

Le matin, ils étaient à nouveau l'un contre l'autre, lui derrière elle, pressant et amoureux. Elle a nagé des fesses une nage de sirène, d'algue longue bercée par le courant. Sous sa chair, la bite de Viking a durci... Ils ont déjeuné et joué à des jeux de gamins farceurs, avec la confiture et le café. Puis il l'a prise encore, devant la glace comme il aimait, à quatre pattes. Déjà, ils avaient des habitudes. Ils ont crié ensemble. Après, elle a voulu rentrer dans sa chambre, se laver, s'habiller. Il prétendait garder en otage sa culotte, elle la lui a prise de force, est partie en disant : « A tout de suite. » Elle ne savait pas qu'il ne la reprendrait plus dans ses bras.

Quand ils se sont revus, c'était au milieu des autres, qui les absorbaient, les détournaient de leur histoire naissante, les ligotaient. Ils n'ont pas eu d'adieux, pas de mots, pas de gestes pour conclure comme il aurait fallu leur nuit fabuleuse. Depuis, elle lit les histoires de son Viking-poète, le reconnaît ou le découvre à chaque page, à chaque page elle le désire.

Une silhouette de géant a passé dans sa vie, dansant sur des nébuleuses de rêves... Elle a envie et peur de le revoir...

NUIT BLANCHE

Nous roulions depuis longtemps déjà. La nuit était claire et glaciale. Il neigeotait. Et puis tout à coup, nous entrâmes dans la tourmente. Les flocons se propulsaient à notre rencontre dans la lumière des phares, valsaient vertigineusement, aveuglaient notre route. Tu ralentis.

« Je suis marié », déclaras-tu soudain. Je ne m'offusquai point de cette réflexion, qui rompait un long silence mutuellement consenti, et qu'apparemment, rien n'avait amenée.

« Je sais », répondis-je. Tu regardas alors ta main gauche, y découvris, comme si tu en avais jusqu'alors ignoré l'existence, ton alliance, sourit devant l'évidence qu'elle dénonçait, et devant mon aveu « je sais », qui impliquait une curiosité, un embryon d'enquête, un intérêt sans fard, de ma part. Puis tu lanças un coup d'œil sur mes propres mains.

Des bagues, je crois que j'en portais cinq ou six et, dans la semi-obscurité, tu n'as pas pu t'appesantir longtemps, surtout que la route devenait traîtreusement invisible. Tu as levé les yeux sur le pare-brise, as changé la vitesse des essuie-glaces, t'es tourné vers moi, interrogatif. Je n'ai répondu à ta question muette que d'un rire, également muet, et tu as accepté, encore avec le sourire, mon silence, et mon désir de ne rien raconter...

Il faisait chaud, dans la cabine bien suspendue, j'étais bien. Tu as dit encore : « Ma femme est à la neige, avec les petits. » J'ai répondu : « Nous aussi, nous sommes à la neige. » Tu as posé ta main sur mon genou, et j'ai fermé les yeux.

Notre rencontre tenait un peu du miracle. C'était la date qui voulait ça... Nous étions le soir du 24 décembre...

Mon bagage à la main, j'avais traversé la chaussée un peu trop vite. Il y avait beaucoup de monde, chargé de beaucoup de paquets. Une mobylette m'a bousculée, poussée contre le capot d'une voiture en stationnement, où ma valise a cogné bruyamment.

Tu étais de l'autre côté de la rue, en train de monter dans ton camion. Un grand camion qui avait dû livrer des huîtres aux halles, dont nous étions proches : le nom de la société s'étalait en immenses caractères sur le flanc du véhicule, ainsi que son adresse : « Rue B. Patoiseau — MARENNES. »

Tu es resté un pied en l'air un instant, puis as renoncé à ton escalade pour venir à mon secours. J'avais été un peu secouée, sans plus.

« Pas de mal ? », demandas-tu. « Non, je ne crois pas. »

Tu as ramassé ma valise. Tu étais bien plus grand que moi, brun, chaleureux, un peu cinématographique. Avec une façon de rire des yeux très cabotine, et un regard vert qui me parlait de la mer en hiver et, pourquoi pas?, de jolies huîtres claires et fraîches.

« Vous partiez en vacances?. » « Oui, ai-je répondu. J'allais passer Noël dans de la famille, à La Rochelle. Mais je me demande si mon train ne sera pas complet, et je n'ai aucune réservation... »

Tu as planté ton regard malicieux bien droit dans mes yeux, tu as réfléchi une demi-seconde, tu t'es tourné légèrement vers ton camion.

« Dites, je pense à quelque chose... »

Et voilà...

Le temps pour toi de passer à je ne sais quel bureau pour remplir des formalités, et, pour moi, de téléphoner, et nous étions partis ensemble pour une longue nuit de Noël, inattendue, délicieuse...

Nous amorcions une côte. Tu ralentis encore, pour changer de vitesse, ta main quitta un instant mon genou, mais le retrouva tout de suite. « En fait, je suis timide », me confias-tu. Et j'aimais beaucoup cette étrange conversation où les mots n'avaient pas le premier rôle. Cet « en fait » était le complément de concession d'un geste familier, d'un concept précis, mais non formulé : cette syntaxe me ravissait.

— Ah? eus-je l'audace de douter.

— Pas d'habitude, précises-tu.

— Mais ce soir? compris-je.

— Un peu.

— A cause de moi?

— Grâce à vous.

— C'est si bon?

— C'est délectable !

Je trouvais que pour un camionneur, tu t'exprimais bien. Et que tu pensais encore mieux.

— C'est drôle... dis-je.

— Oui, n'est-ce-pas, pour un camionneur ? répliquas-tu, et tu souris une fois de plus. Je me suis abîmée dans la contemplation de tes petites rides du coin de l'œil, ces fameuses pattes d'oie dont on dit qu'elles font le séducteur. Et je me suis laissé séduire...

J'ai posé ma main sur la tienne. Elle était chaude, puissante. Très sage. J'ai remonté ma jupe, et encouragé cette grande main, qui faisait l'innocente, à des explorations plus poussées.

— Vous aussi, vous êtes drôle ! dis-tu. Vous n'avez pas l'air...

— Mais je ne suis pas...

— Alors, seulement ce soir ?

— Oui.

— Pourquoi ?

— C'est Noël !

Tu affichas un dépit ostensible très comique.

— Je croyais que c'était à cause de moi...

— Grâce à vous ! ai-je corrigé.

Et nous avons scellé notre complicité d'un échange de regards et de sourires.

— Occupez-vous de la route : nos mains sont assez grandes pour se débrouiller toutes seules. Surtout la vôtre.

— Ce n'est pas toujours un avantage d'avoir d'aussi grandes mains, observas-tu, parce que tes doigts étaient en train de s'énerver à l'orée de ma culotte.

Je n'ai rien répondu, mais j'ai soulevé les fesses, et enlevé le sous-vêtement qui te gênait. Puis je me suis bien calée au creux du siège, j'ai ouvert les cuisses et j'ai à nouveau fermé les yeux.

Cette main n'était pas trop bête. Elle n'exigea rien d'abord. Elle se promena seulement sur mon pelage, du dos de ses doigts repliés, et cette caresse était d'une douceur terriblement persuasive. Le ronronnement du moteur et les trépidations de la route venaient résonner jusque dans mon sexe, où j'avais l'impression que se développait à toute allure un formidable réseau de petites terminaisons nerveuses qui vibraient toutes ensemble. J'avais une sorte de central téléphonique tout en bas du ventre, à l'écoute d'appels et de sollicitations multiples.

— Racontez-moi... demandas-tu.

Je ne me mépris pas sur ta requête. Tu ne voulais savoir de moi que ce que je ressentais à l'instant même.

— Je comprends qu'on appelle ça une chatte, dis-je : j'ai l'impression qu'elle va se mettre à ronronner !

— J'aime beaucoup les animaux... répondis-tu.

— Ils vous le rendent sûrement, ai-je prononcé d'une voix un peu rauque parce que tu venais tout à coup de me pénétrer d'un doigt moins timide.

Tu t'amusais à présent à entrer et à sortir de moi sur une cadence très douce, très lente. J'ai glissé ma main sous ta paume, qui me chauffait le pubis, j'ai trouvé mon bouton et je m'y suis posé très délicatement, désireuse de ne rien bousculer, et de faire durer le plus longtemps possible ce moment béni des dieux où l'imagination change de résidence et élit domicile en des endroits secrets.

J'eus des fantasmes maritimes, au rythme desquels je m'abandonnais totalement. Mon sexe était la mer, qui battait ses vagues inlassablement, le flux, le reflux, le flux, le reflux...

Je devenais profonde, ténébreuse, salée, très mouillée, et mon ventre inventait une pulsation régulière, mais chaque fois plus fignolée : repousser, retenir, repousser, retenir... Je me métamorphosais en grotte sous-marine, en abysse vertigineux. Bientôt, il me faudrait quelque chose de très fort, de très gros à combattre, à admettre, à refouler, à digérer. J'appelais les mythes du grand serpent de mer, du nageur infatigable, de l'Argonaute aux membres d'acier. J'avais très envie de me faire prendre...

Tu conduisais toujours, attentif à la route, comme étranger à ce qui se passait entre mes cuisses. Tu me fis l'offrande d'un autre doigt. Il était le bienvenu, mais l'angle de pénétration entravait un peu tes mouvements et rendait mon plaisir douloureux.

— Tu es mouillée ! dis-tu.

— C'est toi qui me mouilles ; je suis comme une jetée pleine de varech, tu sais, lorsqu'une vague est passée dessus ?... Un quai pendant la tempête...

J'ai pensé aux grosses bittes d'amarrage. J'ai mis la main gauche sur ta braguette.

Tu t'es un peu soulevé pour me permettre de déboutonner ton premier bouton, trop serré. Le reste est allé tout seul. Je t'ai trouvé très vite.

C'est faramineux de se branler, une grosse pine

comme ça dans sa main, et de la rêver ailleurs. C'est à devenir folle.

Je ne te connais pas, et pourtant, j'ai une place pour toi. Et même plusieurs places. A cet instant précis, je sens notre complémentarité comme un vrai prodige. Cette queue que je tiens dans ma main, j'ai envie de la prendre partout en moi, partout où elle pourra s'enfiler. J'ai aussi envie de la bouffer, une envie impérieuse, un appétit féroce, un besoin de la percevoir avec une chair plus sensible, plus recueillie, plus aiguë. Mais si je me penche vers toi, tu seras obligé de me lâcher, et ça, je ne veux pas. L'explosion n'est pas loin, je n'en suis déjà plus maîtresse : je tourne vers toi un regard affolé.

— Je crois bien que...

— Mais oui, mais bien sûr !... dis-tu très gentiment, comme tu inviterais un ami à se mettre à l'aise. Cette permission si indulgente me rassure complètement et achève de me griser.

Pourvu que, surtout, tu ne changes rien !

Mais tu as très bien compris le problème et son urgence, et tes doigts poursuivent en moi leur passionnant, leur irrésistible voyage, cette valse-hésitation à faire tourner les têtes les plus froides, cet itinéraire digne de Sisyphe, et de l'océan, et des planètes tout entières. En avant, loin, très loin, très doux, en arrière, presque à sortir, très lentement, en avant, très loin, en arrière très doux... Je t'accompagne, de toute mon âme, de tout mon ventre, et je suis poursuivie par une vague gigantesque qui déferle derrière moi, me talonne, me rattrape... Attention, la voilà !...

J'ai serré très fort ta queue dans ma main, je me suis immobilisée, crispée, au sommet de ce mur d'eau gigantesque qui vient de me soulever, et je règne sur un geyser de plaisir, aux retombées interminables...

Tu te gares doucement sur le bas-côté, et tu coupes le contact. Je me tourne vers toi, le souffle court, toute bouillante. Tu m'expliques : « C'était ça, où passer la seconde... » J'acquiesce de la tête. Oui, oui, tu as bien fait ! Ce passage en seconde eût été le plus douloureux de ma carrière... L'enseignante que je suis s'amuse à ce mot, qu'elle n'expliquera pourtant pas... D'ailleurs, je suis sans force...

— C'était bien ! dis-je avec une conviction qui t'arrache un éclat de rire.

— Vous m'en voyez ravi ! déclares-tu avec un geste de la main très théâtral, et une fraction de seconde, je vois briller, sur tes doigts, la trace de mon plaisir...

Attends, moi aussi, je vais te plaire !

Je me penche vers toi. Ta queue a une odeur troublante. Elle se souvient du velours de ton pantalon. Et puis un parfum d'homme, aussi. Sauvage. Tenace...

La joie, qui ne m'a pas complètement abandonnée, rebondit encore dans mon ventre. Je pose ma langue sur le bout de ta bite. Là aussi, ça glisse. Il y a un petit filet très salé, très moelleux, qui coule du trou, et que j'étale sur tout le gland, bien rond, bien rose, bien offert, tout nu, émouvant. Ce truc-là est vraiment fait pour être bouffé. Il n'y a rien de plus comestible chez l'homme. C'est ferme, élastique, rebondi, si doux qu'on a envie d'y faire de petites arabesques de la pointe de la langue, comme un patineur malicieux qui voltige sur la glace.

Ta queue est si grosse que je ne pourrai jamais la sucer toute entière... Du moins, par là... Sous ma jupe, ça résonne encore. J'ai le con qui palpite très fort.

— Donne-la moi...

— Demande, alors, demande mieux que ça...

— S'il te plaît. J'en ai une grosse, grosse envie...

— Mieux que ça !

— Viens, s'il te plaît... J'ai une place toute chaude. Touche, touche, c'est brûlant, c'est trempé, on va la mettre là, ça va la rendre folle. Je te pomperai très fort. Viens !

— Encore ! Demande encore !

— Mais viens ! Dis ?... Regarde, elle a envie aussi : elle bouge toute seule, elle va éclater, si tu la laisses comme ça, mets-la moi, baise-moi, dis ? Viens. J'ai faim, faim de toi, d'elle. Tu vois, elle coulisse bien, elle est d'accord... Tu vas pas garder ça, ce gros bout pour toi tout seul ? Regarde, regarde, je lui fais un passage, tu vois. Tu vois, je m'écarte, mais dépêche-toi, parce que je vais partir sans toi, rien qu'à l'imaginer en train de me bourrer... Tu auras tout perdu...

La menace a atteint son but. Tu me couches sur le siège, tu m'attires à toi à genoux sur l'autre siège, tu baisses ton pantalon... Le désir me détraque le cœur. Et je n'avais pas vu tes couilles !...

Tu entres en moi comme dans du beurre. J'ai presque l'impression de sentir ton goût. C'est un animal affamé que j'ai entre les cuisses. Bouffe,

bouffe, petite bestiole ! C'est Noël, c'est ton réveillon !...

Je t'avale avec un bonheur torride. Ta queue est dure, je la sens buter au fond de moi, derrière, et ses coups se répercutent dans mon cul. C'est irrésistible, ça... J'ai un doigt sur mon clito, qui fait n'importe quoi, tout est bon, on dirait un joueur de mandoline fou. Et de la main gauche, j'ai attrapé tes couilles, lourdes, denses, somptueuses. Je m'enflamme à les imaginer, gorgées et crémeuses. Bouffe, minette, bouffe ! Bientôt le dessert... Ce type-là ne va pas tarder à t'envoyer une giclette comme tu les aimes ! Je me fouette le tempérament avec des images de purée qui gicle à la vitesse de la lumière... J'ai le réflexe naïf de presser tes couilles comme des poires à jet, comme pour les vider d'un coup.

— Donne, donne...

— Non, pas avant toi. Viens vite.

— Mais je peux pas là. Je suis bloquée.

Comment t'expliquer que moi aussi, je t'attends, que mon plaisir capricieux ne veut plus dépendre que du tien ?...

« Toi d'abord, toi d'abord..., répètes-tu », et c'est vrai que tu vas m'attendre comme ça le temps qu'il faudra, et moi, ça me suffoque de rester suspendue au bord de l'abîme.

— Dis-moi ce qu'il faut que je fasse ? Dis-le moi... Tu es si plein de bonne volonté...

— Prends-moi partout. Derrière aussi.

L'obéissance personnifiée. Mes désirs sont des ordres. Tu viens de me poignarder le cul d'un pouce virulent, épais, combatif, qui m'épouvante et me comble à la fois.

— Tu me sens, là ? (Difficile de faire autrement. Je ne sens que toi.) Tu vas partir, maintenant, tu vas y aller ?

— Si tu continues à m'élargir comme ça, partout, oui, oui, ça ne va pas attendre... Ecoute, écoute, ça vient, ça vient, c'est là, c'est maintenant, c'est tout de suite, donne, donne, toi aussi...

Tu t'es effondré sur moi. Tu es bien plus lourd que je ne redoutais. Bien plus attendrissant aussi.

Quand j'ouvre les yeux, la neige a cessé. Tu reprends ton souffle, te rajustes, te réinstalles au volant. J'ai encore un tam-tam dans la poitrine, et dans les oreilles, le mugissement de cette grosse vague qui m'a emportée. Avec des brûlures cuisantes un peu partout, qui décroissent en laissant place à une lassitude bienheureuse.

— Dors, si tu veux.

Tu me désignes la couchette, derrière les sièges. Non, je ne veux pas te laisser tout seul. Je ne dormirai pas.

Et le voyage reprend, très doux, très lent. Nous sommes dans un traîneau qui glisse régulièrement à travers la campagne blanche et endormie.

De temps en temps, tu t'arrêtes. On se souhaite un joyeux Noël. On repart. J'ai des clochettes dans la tête, et du champagne plein le corps, plein le cœur. De petites bulles qui pétillent et me chatouillent partout. Je te trouve drôle et gentil. Je ne regrette rien.

Au petit matin, tu bouscules d'une main légère ma somnolence.

— On arrive à La Rochelle. Je te dépose où?

Le temps d'ouvrir les yeux sur cette ville morte dans l'aube encore noire...

— A la gare.

— ?...

— Oui, il faut que je te dise : en fait, quand tu m'as rencontrée, je ne partais pas de Lyon. J'arrivais. Je devais y passer Noël. Je n'ai pas eu envie...

— Tu arrivais de La Rochelle?

— Non, de Grenoble!

— Mais?... Pourquoi tu m'as parlé de La Rochelle?

— Je t'ai vu. J'ai vu ton camion, l'inscription « Marennes ». J'ai pensé : « Sûr que ce gars repart là-bas, cette nuit. » Je me suis dit « Chiche! »

Tu ris en clignant des yeux.

— C'est marrant.

— Pourquoi?

— Parce que, quand tu m'as vu, je m'apprêtais à aller remettre le camion à un collègue. Ce n'est pas moi qui devais le remonter. Moi, je devais dormir à Lyon. J'ai déjà roulé toute la journée, hier.

— Le bureau, c'était pour ça?

— Oui, j'avais rendez-vous là-bas. J'ai dit à Dupré : « Je prends ta place », il n'a pas refusé.

— C'est légal, ça?

— Non, mais on s'arrange... Il avait trouvé une minette à Lyon. Il a pu réveillonner avec elle. Il était content.

— Tu ne devais pas passer Noël avec ta famille?

— Non, je devais attendre le prochain camion, pour le remonter.

— Et maintenant, qu'est-ce que tu vas faire?
— Dormir, d'abord. Puis repartir pour Lyon.
— Quand?
— Demain matin, peut-être.
— Alors?...
— Si tu veux...

NUIT NOIRE

J'ai toujours eu un faible pour les noires. Celle-là, je l'avais repérée en arrivant : son éclat, aux lumières tamisées du salon de l'hôtel, m'avait capté l'œil et ne l'avait plus lâché. Hypnotisé, je l'avais fixée toute la soirée. Elle s'était laissé faire, simple et cependant mystérieuse parfois, avec un je-ne-sais-quoi qui jouait à la pudeur. J'avais adoré ce jeu, adoré qu'elle fît semblant d'être timide, qu'elle cherchât sans grande conviction à m'échapper.

Narrer avec quelle habileté j'avais fini par me la mettre dans la poche serait contraire à ma modestie. Disons seulement que tard dans la nuit je franchis le seuil de ma chambre en la portant comme une épousée. Avoir en la contemplant triqué pendant des heures à m'en déraciner le scrotum n'interdisait pas le romantisme. Nous formions un beau couple, moi plutôt joli gosse, il faut le reconnaître, grand, sportif, blond à figurer au générique du « Crépuscule des Dieux », elle bien plus petite, mais harmonieusement proportionnée, la cuisse haute, la hanche épanouie, la taille étroite, un vrai petit lot, cousu main, et si noire, si noire entre mes mains impatientes... Je la posai sur un fauteuil avec précaution. Elle y demeura, immobile, sûre d'elle. Elle n'était plus très jeune. A bien considérer les plis qui marquaient (à peine) sa splendide physionomie, je sentais qu'elle avait vécu déjà, qu'elle possédait l'étoffe d'une vraie salope. Ce qui n'était pas pour me déplaire, d'autant qu'à cette maturité se conjuguait encore, comme pendant la soirée, un rien d'enfantin, une bouffée de fraîcheur, de naïveté qui, pour être un peu forcée, ne m'en troublait pas moins. Il y avait en elle le charme pervers des dentelles, mi-rubans de fillette, mi-froufrous affriolants de femme faite.

Je m'assis en face d'elle et lui souris. Rien dans son attitude ne sembla changer. Pourtant, au bout d'un moment, force me fut d'admettre qu'elle écartait les jambes. Dieu qu'elle était belle ainsi, offerte délibérément à ma concupiscence, et noire partout, d'un noir moiré, chatoyant, presque irisé sous la lampe ! J'eus envie de la glorifier, et résistant encore à la tentation de faire vibrer la corde qui se tendait en moi, j'entonnai a capella une ode à sa noirceur où j'invoquais, pour dire sa magnificence, le cœur frissonnant du pavot, la flaque de pétrole, la laque chinoise, la tasse d'arabica. Elle me sembla touchée. Ses jambes, décidément, manifestaient une tendance de plus en plus marquée à l'ouverture. Je résolus de m'exhiber aussi. Lentement j'ouvris ma braguette. Elle ne se détourna pas. Je bandais à toucher le plafond. Je sortis tout : ma bite tétanisée et mes couilles douloureuses, et je restai là, en face d'elle, obscène et débraillé, battant du chibre et attendant son signal. Rien. Une parfaite maîtrise d'elle-même. Sa peau de satin noir s'argentait au soleil de mes désirs. Cette pute me laissait mariner en fixant ironiquement l'œil de mon grand serpent cyclope. La vue du liseré de son entrejambe, éloquemment fripé, m'envoyait dans le périnée des décharges électriques à faire juter un ongre. Nous laissâmes passer ainsi encore un moment, écarquillé chacun dans son fauteuil, à défier l'autre. Soudain j'aperçus son bouton, un minuscule bouton de nacre rose, indécent d'innocence dans les ténèbres de son contexte. Alors je me rendis. Me ruant brutalement sur elle, pif en avant, je me mis à la humer, à lui pousser ma truffe avide partout, à l'inhaler à pleins sinus, à pleins poumons... Ah ! quel trip ! Un parfum de femelle à ne pas croire ! On dit que les noires sentent plus fort. Ce n'est pas une légende. Les blanches souvent sont aseptisées. Leurs relents de javel recouvrent tout. Elle, elle fleurait la savane, le bois mouillé d'orage, le champignon qui pousse dessus, elle embaumait l'algue, l'huître, le citron, le pain de seigle, plutôt celui qu'on oublie dans des coins pas possibles, qu'on récupère après, enfin tout un cocktail à son image, candeur frelatée, dévergondage ambigu.

Chamboulé par tous ces fumets contradictoires, à bout d'héroïsme, je lui fourrai ma pine exaspérée à l'aveuglette, devant, derrière, sans ménagement, avec l'envie sauvage de l'entendre craquer, de la déchirer. Elle ne protesta pas, souple contre moi, élastique, docile à mes caprices, très enveloppante. Je me souviens m'être retiré, l'avoir bouffée jusqu'à la tremper, l'avoir tenue à bout de bras pour la scruter méchamment, puis l'avoir barattée encore, et éclaboussée d'un sperme crémeux qui déshonora son teint de pur moka...

Quand, vidé, je levai enfin la tête du tapis où j'avais sombré avec elle, je vis que je l'écrasais. Je la dégageai. Elle avait une petite mine chiffonnée qui m'émut.

Je n'eus jamais le courage de rapporter cette culotte dans le sac de linge sale où je l'avais prise, chambre 511, au fond du couloir.

NUITS COURTES

1) Thomas

Te souviens-tu, Thomas, de cette nuit de juin, il y a très longtemps, qui faillit abolir entre nous, l'espace d'un minuscule instant, le fossé des années, et le gouffre de toutes nos différences?

J'étais ton professeur de français. Plusieurs fois, la rentrée nous avait retrouvés, toi au sein d'une classe d'adolescents chaque septembre un peu plus mûrs, moi, derrière mon bureau, heureuse d'y être, vive et autoritaire, toujours passionnée, parfois passionnante. Ton teint très pâle, tes boucles brunes, tes grands yeux clairs m'interpellaient souvent, et ta façon volontiers frondeuse de répondre à mes questions par d'autres questions, à mes observations par des murmures boudeurs. Je crois même qu'une fois ou deux, tu te révoltas carrément, haussas le ton et les épaules, croisas des bras provocants, et me fusillas d'un regard d'acier, plus bleu encore que de coutume dans ton teint que la colère blêmissait.

Je n'accordai pas d'importance à ces rébellions passagères. Tu étais intelligent, tu rendis grâce à ma mansuétude, daignas éclater de rire aux pitreries que je tentais pour détendre l'atmosphère. Une sorte de connivence inattendue nous réconcilia pour le reste des heures à partager. Parce que je t'avais quelquefois déplu, il était désormais doux de te plaire toujours. Notre paix m'enchantait, ton intérêt me stimulait. En moi le professeur se flattait de croiser à tout moment tes yeux attentifs, mais s'interdisait d'y lire un aveu qui pourtant eût comblé la femme. Je t'aimais d'une tendresse ambiguë, bouleversée par ta délicatesse et cette ombre de mélancolie qui aggravait ton fin visage de petit prince.

De petit prince, de prince petit. Chérissais-tu avec une excessive complaisance ce complexe qui te faisait soupirer, déplorer à voix haute d'être, parmi les garçons de la classe, le moins grand? Je crois que ta souffrance était sincère, et cuisant ton regret. Dans ton petit corps, ton âme altière, à l'étroit, se débattait douloureusement. Je t'aimais pour ce souci de chaque jour, pour cette peine, pour cette angoisse d'un futur incertain, trop lent à venir, paresseux à te combler des métamorphoses convoitées...

Je t'aimais petit garçon fragile et torturé, je rêvais de te prendre contre moi, de te consoler, de te grandir, de t'élever, par mes seuls sortilèges, au rang d'homme heureux, je t'aurais conféré des privilèges d'adulte, et des visions de géant, des appétits d'ogre, des plaisirs de colosse...

A la fin de l'année, la classe organisa une fête, m'y invita... Ta présence a peuplé ma soirée. Ta voix, plus suave qu'à l'ordinaire, m'a honorée de quelques confidences, deux ou trois petits riens qui me ravissaient. Je t'ai invité à danser. Oh ! Ton air désolé, cette mimique enfantine d'impuissance navrée pour t'exclamer : « Mais tu es trop grande pour moi ! » Je t'ai entraîné cependant, et sermonné avec la fougue nécessaire pour te convaincre : tes yeux bleus, tes cheveux bouclés, tout ton charmant visage, et le lumineux regard que tu posais sur le monde, et chaque joli mot qui s'échappait de ta délicieuse bouche, constituaient des atouts bien plus efficaces que le mètre quatre-vingts dont tu rêvais naïvement. Et puis un jour, c'était certain, tu grandirais... Tu me disais : « Tu crois? Tu crois? », avec une ferveur émouvante. Tu ne t'adressais plus au professeur, mais à la femme, c'est elle qui t'a répondu avec sa flamme et sa tendresse.

C'est elle qui t'a raccompagné le soir chez toi, avec tes camarades. Elle, la maligne, qui s'est débrouillée pour les déposer d'abord, pour rester seule avec toi. Elle, la tentatrice, qui, à ta porte, dans la voiture sombre, t'a dit : « Embrasse-moi ! » Elle, la diabolique, qui, une main à ton menton, a interdit à ta bouche de se tromper de route, elle, l'audacieuse, qui a bu sur tes lèvres le suc de ta jeunesse, le parfum de ta candeur, elle, la folle, qu'ont fait frémir ensemble ta docilité et ton émerveillement, elle, la sage, qui a résisté, qui a gardé ses mains loin de toi, et ses mots dans sa tête, qui t'a poussé dehors, qui t'a regardé partir, elle, la maternelle qui, à peine séchée ta salive à sa lèvre, s'est inquiétée pour toi, parce que tu rentrais tard, et chargé d'un secret... Elle, qui, en se couchant, s'efforçait d'oublier, tout en tremblant toujours de fièvre contenue...

Le lendemain, les troisièmes n'avaient plus cours. Je t'ai cependant trouvé, devant le collège, assis sagement à m'attendre, plein de patience et d'assurance nouvelles. Nous sommes allés boire un verre ensemble. Tu m'as confié : « Hier soir, en rentrant, je ne me suis pas mis au lit tout de suite. Je suis entré dans la salle de bains, je me suis installé devant la glace, et je me suis regardé longtemps, très longtemps, en me disant : mon vieux, c'est à toi, à toi, que ça vient d'arriver... »

Cher petit prince, ton humilité éblouie me fut une ivresse. Mais au grand jour, je n'avais plus ni audace ni folie. Et je me suis tue.

Les années ont passé. Dix ou quinze peut-être. Je t'ai revu, Thomas, tu es un ami de mon fils. Tu as gardé ton beau regard, tes boucles, ton teint pâle, cette grâce de traits, cette douceur de voix qui surent me séduire. Tu as un petit garçon dont la maman est partie. Voilà que tu as déjà vécu. Et le temps a tenu ma promesse : tu es devenu grand.

2) Hermann

Je le croyais hardi. Imbu de cette assurance que devait lui conférer sa situation. Des femmes, c'était sûr, il en avait vu passer pas mal dans son lit. Je ne serais, un jour ou l'autre, que l'une d'entre elles. Je me résignais sans souffrance à attendre ce jour, peut-être à l'espérer.

Nous partîmes ensemble pour un voyage d'affaires. C'était l'occasion. Dans la journée, il se montra, à son ordinaire, galant, prévenant, drôle, tendre. Je ne retirais pas mon coude lorsqu'il l'effleurait, ne m'offusquais ni de sa curiosité à savoir si je portais des bas, ni de sa main à ma taille au hasard d'un mouvement. Je le regardais préparer la rencontre de la nuit, avec un intérêt d'anthropologue. Je ne devançais pas sa quête, par double souci d'étudier jusqu'au bout la manœuvre et de goûter d'agréables préliminaires. Il ne faisait aucun doute que, lorsqu'il me proposerait, de quelque façon que ce soit, un tête-à-tête, je serais d'accord. Mais il eût été dommage de le montrer trop vite.

Le soir, il invita toute son équipe dans un très bon restaurant. Je me pomponnai avec soin avant de le rejoindre dans le hall de l'hôtel, où il m'attendait. Lorsqu'il me vit, il parut troublé, me fit un compliment ému. Je lui sus gré de jouer si bien son rôle... A table, il me parla peu, tout entier requis par l'intarissable conversation d'un de ses hôtes. De temps en temps, un regard appuyé, qui me brûlait délicieusement, sur la lèvre ou à la naissance des seins. Et puis son genou, une fois ou deux, contre le mien.

Après le repas, il prétendit devoir rendre visite à de la famille. J'admirai le prétexte pour se débarrasser des autres. Discrètement, il me proposa de l'accompagner. Je fus parfaite. « Non, je préfère rentrer. » Il prit un air entendu : « Dommage ! je t'aurais bien dit un gentil bonsoir... » A ce point des négociations, inutile et ridicule de marivauder davantage. « Et bien, dis-je, passe dans ma chambre en rentrant, je laisserai la porte ouverte. » Il sourit drôlement. « Bon », fit-il, et il s'en alla.

J'accordai plus de soin encore à me déshabiller que je n'en avais mis à m'habiller. Se parer de peu est un art difficile. Feindre la nudité, sophistiquer à peine le naturel... Je ne gardai sur moi qu'une chemise décolletée, une culotte (j'attends toujours avec une exquise appréhension l'instant de m'en dessaisir), et du parfum.

Puis je me glissai dans les draps, et commençai à l'attendre. Dans la chaleur du lit, il me fut aisé de rêver à lui. J'envisageai plusieurs abordages possibles. Il arrivait sans un mot, sur la pointe des pieds, se dévêtait très vite, me rejoignait sous les couvertures, s'allongeait sur moi ; je pouvais caresser ses cheveux, sa nuque, son dos, ses fesses, divaguer d'ici à là, vagabonder amplement et longtemps sur son grand corps, tandis qu'il m'embrassait dans le cou, creusait sa place entre mes genoux, et me prenait enfin... Ou bien il entrait en murmurant, éclairait une veilleuse, s'asseyait au bord du lit, posait sur mes seins des doigts légers, me découvrait lentement, soulevait ma chemise, me disposait pour ne rien perdre de mes secrets... A l'imaginer assis à mon côté et me regardant, j'ouvris malgré moi les jambes. Mon sexe se sépara avec un petit bruit humide de succion, devint chaud, battant... J'avais du mal à ne pas le toucher. Mais je gardai pour mon visiteur ma ferveur et mon impatience, et résistai encore. Il se pouvait aussi qu'il frappe, qu'il m'oblige à me lever, à aller l'accueillir à la porte. Là, il me prendrait contre lui, attraperait mes fesses à pleines mains sous la chemise, les pétrirait, en pressant sa queue gonflée contre mon ventre. Puis il me retournerait, me courberait, d'une poigne sans appel, vers le lit, m'enfilerait son dard bien raide dans le fourré, me tringlerait, me limerait, tandis que la tête enfouie dans l'édredon et le cul très haut, très ouvert, je jouirais interminablement. Cette évocation-là me valut quelques tortillements d'envergure, et peut-être un gémissement ou deux. Il me fallut, je m'en souviens, de l'héroïsme pour ne pas me branler comme une collégienne...

A présent, les fantasmes semblaient émaner directement d'entre mes cuisses, que je ne savais plus refermer. Il y avait là, tout en bas de mon ventre, une machine à rêves, bien rôdée, bien huilée, qui ronronnait comme un moteur, pompait, travaillait, chauffait... Je n'avais toujours pas cédé, rien touché. Il suffirait à présent qu'il surgisse et, sans préambule, il se verrait happé sur-le-champ, je monterais du bassin à sa rencontre, ouvrirais sous sa pine une chatte démesurément vorace, et je lui boufferais tout, jusqu'aux couilles...

Une lourdeur torride appesantissait mon ventre, le désir m'écartelait sous mes draps et me faisait haleter ; j'étais archi-mûre, presque cueillie déjà, je cramponnai mes doigts à l'oreiller pour dompter la tentation, m'appliquai à assagir mon souffle, à distraire mes pensées... et je finis par m'endormir.

Lorsque je m'éveillai, il faisait jour. Il était même assez tard. Suffisamment pour m'autoriser une investigation chez lui. Je frappai à sa porte. Insistai. Un grognement me répondit. J'entrai. Il était nu sur son lit. Je ne vis pas d'abord son sexe, seulement son grand corps lisse et clair, la rondeur de ses fesses, le creux marqué de son dos, à la taille. Il bougea, s'étira, fit jouer ses muscles et ses articulations, puis se leva, charmant et échevelé, et entreprit de traverser la pièce. Sa bite tendue le précédait, oscillait devant lui à chaque pas. Il revint au lit armé d'un paquet de cigarettes et reconnut d'une voix que le sommeil empâtait encore : « Oh ! J'étais en train de faire un rêve érotique ! »

Je posai les doigts sur sa cuisse, un peu perplexe. « Pourquoi n'es-tu pas venu, hier ? » Il retira sa cigarette de sa bouche, me fixa d'un air aigu. « C'était sérieux ? » Je devais faire une tête ahurie, il ajouta : « Je croyais que tu avais dit ça en l'air... Je n'aurais pas osé... »

Il prit ma main. « Non, dis-je, maintenant, nous allons être en retard. »

3) Johana

Nous nous étions rencontrées depuis quelques heures à peine. Nous avions signé des livres au même stand, et sympathisé. Difficile, d'ailleurs, de ne pas sympathiser avec elle : elle n'était que sourire et spontanéité. Son charme doucement ambigu m'avait intriguée tout de suite. Un visage fin sous de longs cheveux méchés de gris, de beaux yeux clairs, un jean moulant et un blouson masculin sur une chemise qui bouffait à la taille. Des bottes, je crois. Un vif accent étranger, des doigts jaunes de fumeuse. J'avais tout remarqué très vite, et voilà que je la retrouvais à la terrasse d'un café que réchauffait le tardif soleil de six heures. On était en juin, un juin maussade traversé d'orages, et nous parlâmes d'abord, bien sûr, du temps. Du bien-être que nous procuraient ces rayons inespérés, après la journée pluvieuse. Nous avions la même sensualité, la même façon gourmande de commenter le plaisir avec de petits soupirs, de nous abandonner à la caresse du moment. Je croyais qu'elle buvait un jus de fruit, alors qu'elle en était à son troisième ou quatrième pastis. Ma confusion nous amusa. Nous bûmes encore ensemble. Elle accompagnait chaque verre de cigarettes sans cesse renouvelées, toussait un peu, roucoulait, avec son bel accent, de petites confidences sans importance. Soudain elle en vint à me dire qu'elle n'avait pas d'enfant, par choix, et aussi parce que, de toute façon, elle n'aimait pas les hommes. Elle me considéra alors, très sérieusement, me demanda si j'étais choquée. J'eus envie de rire, de répondre à sa franchise par une franchise égale. Mais on nous rejoignait déjà. Nous fûmes bientôt cinq ou six pour l'apéritif. Il n'était plus question de raconter sa vie.

A table, elle se plaça en face de moi, se montra chaleureuse et gaie avec tout le monde. Elle buvait beaucoup. De temps à autre, elle me regardait de son beau regard un peu myope, incertain et perçant à la fois. Après le repas, elle tâcha de mobiliser les convives, elle ne voulait pas se coucher, elle avait envie de faire la fête... Mais elle ne remporta qu'un succès modéré, et nous nous retrouvâmes seulement trois à arpenter les rues du petit bourg à la recherche d'un endroit animé. Nous échouâmes faute de mieux dans un bar où hurlaient des machines infernales, autour desquelles semblait s'être rassemblée toute la jeunesse du pays. Certaines sonnaient, d'autres glapissaient, des musiques électroniques rythmaient le tout de leurs notes monotones et métalliques. Nous dégotâmes une table un peu à l'écart du mouvement, sinon du bruit. Elle s'installa encore en face de moi, commanda une eau-de-vie. Très vite, elle parut chavirée, sa joue appuyée sur sa main, puis sur son bras replié, et ses yeux, rivés à mon décolleté, mimaient de temps à autre une ivresse supplémentaire, un vertige comiquement flatteur, sans souci de notre compagnon qui, d'ailleurs, paraissait en avoir vu d'autres... Elle déclara, plusieurs fois, d'un accent soudain moins clair : « Ce... cette robe, c'est joli !... » Je n'osais ni enfiler ma veste, ni rester immobile ainsi, offerte à sa contemplation. J'affectai de rire d'abord, gentiment, puis j'insistai pour regagner l'hôtel. Elle finissait par me troubler, d'un trouble qui n'avait rien à voir avec le code des convenances. Ce qui me gênait, ce n'était plus de ne pas savoir comment me comporter, c'était justement cette petite voix en moi qui me soufflait des tentations encore vagues, mais dérangeantes. Pour tout dire, son regard insistant m'avait engourdie d'une volupté meilleure que le soleil partagé de l'après-midi...

C'est dans le couloir sombre où elle se serrait contre moi pour me dire bonsoir que je cédai brusquement. Peut-être parce que sa bouche, un peu lente à trouver ma joue, avait erré sur moi. Ou parce que ses bras s'étaient faits enveloppants. Ou parce qu'elle avait soupiré dans mon cou. Je ne me souviens pas. Je capitulai d'un seul baiser sur ses lèvres. Elle murmura : « C'est dur de se quitter. » Je répondis : « Ne nous quittons pas, viens dans ma chambre. » Bizarrement, elle tergiversa, hésita, questionna : « Tu crois? Non, ce ne serait pas raisonnable! Enfin, tu es sûre? Tu aimerais?... », pour s'arrêter à un compromis étonnant : « Bon, alors seulement pour boire un verre d'eau, et après je m'en vais... »

Je la précédai chez moi, me déshabillai. Je crus qu'elle ne viendrait pas. Elle arriva enfin, avec deux grands ballons d'eau-de-vie. Elle avait fait ouvrir le bar exprès pour nous, à minuit. Je ne voulais plus boire. Elle demanda la permission de fumer, s'assit au bord du lit, comme en visite chez un malade. Je tendis les bras : « Viens, déshabille-toi aussi. » Elle protesta. Qu'il ne fallait pas, qu'elle était laide et grosse, qu'elle avait honte... Qu'elle avait à Paris une amie très jalouse. J'étais désemparée. J'allais me résigner à demeurer seule dans mon lit, à la regarder boire et fumer, quand elle abdiqua, déboutonna sa chemise, la fit tomber. Sa peau claire apparut. J'avançai une main. Elle était d'une douceur infinie. Mes doigts sur son épaule trouvèrent la bride du soutien-gorge, l'écartèrent. Elle dit : « Non, pas le soutien-gorge ! » et elle l'enleva. Ses seins, trop lourds, étaient loin de la perfection, mais ils m'émurent profondément. Je me plus à les prendre, à les presser, à éprouver leur suave élasticité, et la rebelle érection de leurs mamelons bruns. Cette fille avait des bouts comme je n'en avais jamais vu, très gros, longs de presque deux centimètres, très durs. « J'ai toujours eu ! », me confia-t-elle, tête baissée vers les objets de mon émerveillement. Je la tétai avec délice, tout le globe de ses seins ramassé entre mes mains, et la bouche avide sur les aréoles généreuses. Elle avait écrasé sa cigarette. Elle se tordait sous mes succions, en gémissant. Le plaisir la soumit, elle ôta bientôt son pantalon et son slip et très vite se coula dans les draps, étroitement verrouillée autour de moi, les cuisses nouées à mes jambes, les bras à mon cou. Tout en s'offrant, elle se lamentait avec des « Mon Dieu » désolés, et des mea culpa balbutiants, fouettait sa fougue de plaintes, de craintes, de raisonnements avortés, de « si, puisque, alors... ». Je tentai d'endiguer le flot par un baiser profond. Elle le refusa. Se méfiait-elle ? Je ne cherchai plus à la pénétrer de ma langue, ni là, ni ailleurs, et déléguai plutôt ma main entre ses jambes à présent bondissantes. Elle repoussa ma caresse. « Non, toi d'abord », et tenta de me séduire d'un genou trop appuyé sur mon sexe. Elle me faisait mal, je le lui dis. Elle s'empara alors de moi avec une autorité brutale que ne laissaient présager ni sa douceur, ni ses réticences. Je criai presque sous l'offensive, me mis en devoir de lui démontrer ce qu'il me fallait de tact, de doigté, de délicatesse. « Ça revient que tu te fais l'amour toute seule, ça vaut pas le coup que je suis là ! », déclara-t-elle en immobilisant mon poignet. Puis elle manifesta le désir de réitérer son essai. Je ne lui sus qu'à moitié gré d'enlever la grosse bague qui ornait son majeur. J'entendis le bijou tomber sur la table de nuit, avec un petit choc désagréable. Elle me pénétra ensuite, sans caresse, de deux doigts féroces qu'elle s'employa à activer trop vite et trop fort. Elle martelait mon vagin sur un tempo hystérique, et le reste de sa main venait buter sur ma chair de plus en plus violemment. Elle s'excitait dans sa besogne frénétique, ses cheveux en désordre lui mangeaient le visage, ses seins pesants ballottaient de façon impressionnante, elle devenait hideuse et presque méchante. « Tu vas jouir ! », ordonna-t-elle. Je la repoussai, tins sa main éloignée de moi, me refermai définitivement. « Oh ! non ! Sûrement pas ! » Elle eut une grimace hautaine, un petit rire méprisant. « Tu ne sais pas faire l'amour. Tu ne fais que de l'amusement ! De l'amusement solitaire ! » Dans sa hargne, il y avait du désarroi. Je l'attirai contre moi. « Viens. » Elle consentit à se coucher, sépara pour moi ses cuisses serrées. Je la frôlai à peine, d'un long effleurement très régulier, de la hanche au genou. Elle frissonna sous mes phalanges, accompagna mes voyages de tortillements lascifs. J'élargis ma caresse jusqu'à l'intérieur de ses jambes, et jusqu'à son ventre. Son corps attentif bougeait moins, parcouru seulement, de temps à autre, par une onde frémissante. Je me posai sur son pelage, en frôlai les courtes boucles d'une paume aérienne, en définis le dessin, en soulignai le pourtour, en démasquai les secrets, sans hâte. Le bout de mon index s'avança dans la fente qui bavait, la suivit jusqu'au cul convulsif, revint au bouton, brûlant et trempé, écarta, de pressions alternatives, la lèvre droite, puis la gauche, prépara très longuement, très patiemment, une conquête que je voulais sans appel. Quand je la sentis bien mûre, le con béant et désespéré par son vide, je l'investis le plus lentement possible, avec deux doigts aussi, comme elle, mais des doigts savants, sorciers, pleins de retenue calculée et de force cachée, qui, au fond d'elle, s'écartèrent en ciseaux, ressortirent, l'arrondirent, la reprirent, la comblèrent, l'amenèrent, inexorablement, à une volupté pantelante. En quelques secondes, elle s'ouvrait au-delà de l'imaginable, montait à la rencontre de ma main, la noyait sous le flux d'une joie qui la faisait crier longtemps dans l'ombre...

Lorsqu'elle eut repris son souffle, elle confessa : « Tu as des mains de magicienne. » Mais la déclaration avait quelque chose de plus triste qu'extasié. Elle ne me retoucha plus, se leva, prit une cigarette, et murmura : « Je vais m'en aller. » Je lui tendis sa grosse bague, qu'elle allait oublier.

4) Bart

J'étais dans cette boîte par hasard. On m'y avait entraînée, on m'y retenait avec des protestations navrées à chacune de mes tentatives d'évasion. J'avais sommeil. Je me sentais molle et vide, incapable de m'amuser, incapable de reprendre mon imperméable pour rentrer. Du coin de l'œil je vis, une fois de plus, le maître des lieux se diriger vers la porte pour accueillir les arrivants qui sonnaient. Il s'agissait d'un club très privé. Difficile d'y pénétrer. Encore plus d'en sortir ; le bras que je tendais subrepticement vers le porte-manteau fut repéré, agrippé, tiré sans résistance possible. « Il faut que je te présente à Barthélemy ! Il le faut. »

Je me suis retrouvée devant un Noir imposant qui me souriait, de là-haut, très gentiment. « Bien sûr, tu connais Barthélemy? Barthélemy B. », insistait mon hôte. Je regardais le nouveau venu sans déplaisir, goûtais son regard humide, l'expression modeste de son large visage régulier, la mimique débonnaire de sa lèvre inférieure, qui semblait dire « aucune importance... », je me donnais l'air de chercher dans mes souvenirs, mais je savais que je ne le reconnaîtrais pas. Son nom, sa physionomie m'étaient totalement étrangers. « Enfin! s'énervait mon cicérone, Bart B., le footballeur! » Je remarquai ses vêtements : allure sportive, étoffe de prix, coupe grande classe. Quant aux couleurs, presque indiscernables dans la pénombre de ce bar feutré, je crus noter un costume sombre, un col montant d'un blanc pur. Ce type avait du goût : prunelles et veston du même ton, sclérotique et sweat-shirt assortis... Mais enfin, footballeur ou pas, footballeur surtout, je demeurais dans l'obligation de hausser des épaules désolées. « Barthélemy B. Non, pardon, vraiment, jamais vu, jamais entendu parler... » A vrai dire, Bart non plus n'avait jamais entendu parler de moi. On me nomma, on précisa que j'écrivais. Le grand Noir saisit délicatement ma main, s'y pencha, y posa ses lèvres. Je sentis la ferme rondeur de sa bouche dessiner sur ma peau l'esquisse d'un baiser. Puis ses yeux revinrent aux miens, attentifs. J'éprouvai un petit vertige à constater soudain qu'il sentait bon, qu'il était beau, qu'il avait l'air aimable. Sa carrure d'athlète me parlait de matchs troublants, et la grâce qu'il avait mise à se courber sur mon poignet faisaient lever en moi des images chorégraphiques un peu spéciales. « Ah ! Bien sûr ! me suis-je exclamée. Je sais où je vous ai rencontré. » Il leva le menton, interrogatif. « Dans le dernier chapitre d'un de mes livres ! Vous y dansez avec un copain... Superbe, uniquement vêtu d'un petit slip rouge... Que vous quittez d'ailleurs assez vite... »

Je m'amusais de son étonnement. Je voulais le taquiner. « Mais, pardonnez-moi, dans mon chapitre, vous êtes un peu pédé... » Il arrondit encore ses yeux blancs, avança une mine intriguée : « Qu'est-ce que c'est que cette histoire ? » Je le saisis par la manche : « Venez, je vais vous la raconter. »

Je n'avais plus envie de partir. Nous avions trouvé un coin très calme, très obscur. Je le tenais au chaud de mon récit, prisonnier de ma voix. Je voyais luire dans les ténèbres ses grands yeux phosphorescents, ses dents nacrées. Serrée contre lui, de plus en plus près, jusqu'à respirer son parfum, jusqu'à me meurtrir à sa ceinture, un bras à son cou, ma bouche à son oreille, je choisissais mes phrases et mes mots, en constatais le pouvoir à ses sursauts, à ses frissons, à ses soupirs. Après l'histoire des deux danseurs d'ébène, fous de leur corps, exhibitionnistes et passionnément sodomites, j'avais raconté l'épisode du travesti déchaîné, livrant ses gros seins, sa croupe frénétique et son impressionnante pine à un couple d'amants complices, puis le chapitre du petit Arabe crûment déniaisé, tendrement éduqué, celui du macho qu'on torture voluptueusement à coups d'un énorme godemiché, d'autres passages encore, plus torrides, plus fous... Dans la nuit du caveau, mon auditeur s'exclamait parfois, poussait des oh! incrédules, des ah! ravis, tremblait de mes silences, et demandait « encore! »... J'aimais qu'il m'implorât ainsi, je déployais pour lui des trésors d'éloquence scabreuse, les dispensais avec une générosité complaisante, intarissable... Son avidité me plaisait, sa curiosité sans fin, sa façon de savourer mes hardiesses, de rire à mes inventions, de saluer chaque trouvaille par un tressaillement, une pression de ses doigts puissants, un souffle qui venait mourir dans mes cheveux. Je lui fis l'amour ainsi pendant des heures. Depuis longtemps j'avais trouvé sa braguette. Tout en racontant, je jouais avec le relief émouvant de sa queue, j'en flattais la longueur, l'ampleur, j'en façonnais le bout qui s'animait sous ma paume, j'en massais le barreau, lentement, régulièrement, comme mécaniquement. Il bandait avec une douce obstination, sans impatience, hormis, de temps à autre, ce suave essor sous ma caresse, ce sursaut d'animal cabré, vite soumis, vite moulé, à nouveau dans la conque enveloppante et mobile de ma main. A travers l'étoffe de son pantalon, il me semblait polir un élégant bambou, parfaitement tubulaire. Je parlais toujours, soulignant chacune de mes phrases d'un voyage sans fin recommencé. J'allais et venais sur sa queue recueillie. Il m'écoutait de toutes ses oreilles, de tout son ventre, de toute son âme, frémissant comme une cithare sous mes doigts troubadours...

Quand j'ai déclaré, très tard dans la nuit : « Bart, je dois rentrer », il n'a pas cherché à me retenir, s'est mis debout, un peu hagard, m'a tendu la main pour m'aider à me relever. C'est au vestiaire que le regret lui est venu, soudain, et la fièvre, et la révolte. Il m'a attirée contre lui. Il bandait toujours. Il a supplié tout bas : « Non, ne pars pas, reste encore un moment. » Et sa bouche sur la mienne s'est ouverte. C'était son tour de raconter. Sa langue et ses lèvres ont improvisé une tendre ballade, et j'ai bu sa salive comme il avait bu mes paroles, j'ai tressailli de la même gourmandise, vibré du même bonheur, à l'écoute de son histoire sans mot qui mêlait les aveux aux promesses. Ses bras de géant me tenaient collée à lui, ses mains immenses s'emparaient de mes hanches, de mes fesses, de mes cuisses, les couvraient sans effort, je le sentais partout à la fois sur moi, et si gros, toujours, contre mon ventre... J'étais trop petite pour le recevoir où je l'attendais le plus, je me hissais sur la pointe des pieds, mes doigts visaient sa nuque pour s'y croiser, s'y arrimer, il m'aida d'un mouvement de bélier docile, se coula dans le collier de mes mains, je me sentis soulevée et soudain, sa queue fut sur mon sexe, droite et dure comme un arbre... La tentation me traversa le ventre d'une flèche brûlante. J'aurais voulu m'ouvrir, me frotter contre la racine fabuleuse qu'il m'offrait, et l'engloutir enfin, tout entière, verrouiller mes jambes derrière ses fesses, le garder ancré au fond de moi, le mâcher à pleine chair, le pomper, nourrir cette faim, abreuver cette soif qui me ravageaient soudain...

Mais j'étais empêchée. Je lui confiais : « Bart, je ne peux pas. » Il me répondit : « Viens », m'entraîna dans les escaliers. Au sous-sol, c'était des petites pièces voûtées, taillées dans la pierre, sans porte ni meuble, hormis des matelas orange qui recouvraient presque toute la surface du sol. L'éclairage volontairement pauvre, l'étroitesse des lieux, leur odeur de cave composaient une atmosphère étrange, hors du temps et de l'espace. Bart s'est couché sur le dos, m'a attirée sur lui. Pour le chevaucher, j'ai remonté ma robe. Entre mes cuisses, à travers ma culotte, sa bite tétanisée s'écrasait à ma porte. J'ai avancé les mains sur lui, j'ai touché sa chevelure de tampico noir, rase et crépue, très serrée ; sous son sweat-shirt, le même crin ; mes doigts s'étonnaient à la rudesse de son pelage, cherchaient ailleurs déjà d'autres maquis... Lui gémissait et se tordait sous moi, rythmait son désir d'un déhanchement qui me soulevait, m'appelait de plaintes enfantines. Je dus m'excuser encore : « Bart ! je ne peux pas, j'ai mes règles... » Il avait l'air si malheureux, j'eus peur qu'il ne doutât de moi. J'étais prête à toutes les compromissions pour qu'il crût à la sincérité de mon regret, à la raison de mon refus. « Tu veux que je te montre ? J'ai un tampon. Tu veux le voir ? » Il secoua la tête très vite, de droite à gauche, comme un gosse honteux, navré de m'avoir obligée à la confession, encouragée à l'exhibition. Ses mains se consolèrent sur mes seins. Il les toucha à travers mes vêtements, les glorifia. Ma robe s'envola à l'instant même. « Tiens ! Je te les donne. » Il sut recevoir le cadeau avec une gratitude charmante, et bavarde, une extase puérile. Puis il se tut encore parce que j'ouvrais sa ceinture. Lorsque sa queue jaillit, je l'entendis respirer plus fort. Je me renversai sur les coussins, l'attirai au-dessus de moi. Il demeura à genoux, avec sa grande trique noire qui barrait son pull blanc. Je la caressai du dos de la main, elle s'inclina vers moi, revint à la verticale, si tonique qu'on l'eût dit armée d'un ressort. Mes doigts entreprirent alors une reconnaissance émerveillée : j'avais devant moi un athlète splendide, fesses, cuisses et ventre d'airain, et son sexe, d'un bronze un peu plus clair dans la lumière avare, dansait sous mes phalanges avec une nervosité exaltante. Je le branlai bientôt à pleine paume, sans douceur, attentive à le dénuder le plus loin possible, presque cruelle dans mes tractions, avide, lorsque je ramenais le fourreau élastique vers son gland bistre, de tirer, avec, ses lourdes couilles brunes. J'écartai les cuisses à sa rencontre, offerte et pourtant défendue par le slip que j'avais gardé. Lui, accompagnant ma quête par des hans de bûcheron, perdait la tête, se balançait tout entier, possédé par le flux de plaisir qu'il ne savait endiguer. Soudain, il se précipita entre mes jambes, tenta un coup de boutoir, me força presque, en promettant : « Je vais le faire exploser, ce tampon, je vais le pulvériser !... » Ses yeux hagards, son expression démente m'épouvantèrent. Je me dégageai brutalement, hurlai des « non » pleins de terreur, reculai sur le matelas. Sa pine, loin de moi, marquait un tempo saccadé, il eut une grimace de torturé, proposa très vite : « Et derrière ? Tu ne le fais jamais, derrière ? Tu ne veux pas ? On rentre à l'hôtel, je te prends derrière... »

Quelqu'un, à ce moment, passa devant l'entrée de notre gîte. Je vis tout à la fois : la silhouette du curieux, embusqué contre un pilier, le gourdin démesuré de mon champion, son visage de damné. Je frémis d'une multiple peur, je me sentis sans force pour affronter la douleur et le plaisir, et l'aube naissante sur un lit où je n'aurais pas dormi, et la journée accablée qui s'ensuivrait. Je bredouillai : « Oui, peut-être... Mais non, non. Je ne peux pas... » Et je m'enfuis, lourde d'une peine indéfinissable, comme si j'avais trahi... Un taxi me ramena, solitaire, à mon hôtel. Je me couchai vite, quoique sans soulagement.

Je m'en voulus longtemps de ma fausse sagesse, de ma lâcheté, de ma paresse à muer en joyaux de piètres interdits. Aujourd'hui seulement je chéris, parmi d'autres souvenirs, celui-ci, inachevé, et par là plus précieux.

APRÈS LA NUIT

Automne 1965

Cher garçon inconnu,

Je rêve à toi depuis un certain temps, et c'est ce qui me pousse finalement à t'écrire. Je sais peu de choses de toi : tu as mon âge, à peine plus. Tu es blond comme Michel, avec qui je « sors » depuis deux ou trois semaines. Et doux comme Grégoire, qui m'a réclamé un baiser l'autre jour, derrière la porte d'une allée. Et tendre comme Emmanuel, le joli petit Manu au regard velouté, pailleté d'or. Et séduisant comme Steve Mac Queen. Mais bien plus audacieux qu'eux tous réunis, dont l'effronterie se borne à quelques propositions sans suite pour les trois premiers (du style : « Tu descends dans la cave avec nous ? ») et à un clignement d'yeux, aveu d'émoi et d'intérêt, pour le dernier, que je n'ai jamais vu caresser une femme à l'écran.

Toi, c'est autre chose. Tu entres d'autorité dans mon lit un soir sur deux. Sans paroles et presque sans gestes, tu me forces à m'étendre bien à plat sur le dos, à plier et à ouvrir mes jambes, et à te montrer, de deux doigts dociles et complaisants, l'intérieur de mon sexe. De te savoir là à mes pieds, attentif, concentré, curieux de ma forme, il n'en faut pas plus, ça me fait jouir à en gémir toute seule dans le noir.

Quand te rencontrerai-je? Avec toi, je te prie de le croire, je ne ferai pas d'histoire pour descendre à la cave. Tu m'y conduiras par la main, m'appuieras contre un mur à l'odeur de moisi, te plaqueras contre moi, très chaud et pressant, comme le cousin de Christine quand nous jouions à cache-cache dans l'obscurité de sa chambre. Tu m'embrasseras à pleine bouche, un vrai patin, avec la langue partout, pas le mimi craintif de Michel, qui ne s'aventure pas, et qui a osé raconter que je ne savais pas embrasser. Je boirai un peu de ta salive, je sentirai tes dents contre les miennes, et ça ne me dégoûtera pas, comme la première fois, avec Jean-Yves.

Après, je m'assierai sur une petite marche, et, sous ma jupe, avec une lampe électrique, je te montrerai tout, comme le soir, dans le lit. Je m'écarterai bien pour toi, et je sentirai monter entre nous, chaude et marine, l'odeur de mon sexe mouillé au bord du plaisir.

Ne te fais pas trop attendre, s'il te plaît, j'ai envie, très envie, de te donner tous mes secrets de fille.

Je crois que je t'aime déjà.

P.S. : L'autre soir, j'ai essayé aussi sur le ventre. Tu étais couché sur moi, presque à m'écraser, et j'ai senti ta main qui passait entre mes fesses jusqu'à toucher mes poils et la crevasse du milieu. C'était délicieux...

Automne 1969

Cher jeune homme blond,

Les garçons se sont succédé, grands, petits, drôles, bêtes, beaux, moins beaux, et tu n'es toujours pas là. Lasse de t'attendre, je t'ai déjà un peu trahi. J'ai montré mes seins à Philippe, par un après-midi d'oisiveté permissive. C'était la première fois que je me livrais à une telle exhibition. Il a eu l'air si intéressé qu'une fraction de seconde, j'ai été tentée de le prendre pour toi. Et puis, à mon effroi, lorsqu'il a porté la main à sa ceinture pour se déboutonner, je me suis détrompée. Je me disais, aussi, qu'il était trop brun... Son joli visage de Chinois européen a disparu de mon horizon, avec celui de Walter, timide mais préoccupé d'avenir, celui de Jean-Paul, petit coq inaccessible de vanité froide, de Marc, boutonneux et sensible, qui embrassait bien et pleurait mal...

Je me suis offerte en combinaison à Yves, chez sa grand-mère absente. Il a frissonné d'épouvante. Bien sûr, je ne me suis pas écartelée à deux mains comme je le fais encore si souvent pour toi, mon cher amour lointain, et c'est plutôt à cette réserve de ma part, qu'à cette panique de la sienne, que j'ai compris... Tu ne t'appelles pas Yves, tu n'as pas, sous cette allure guindée qu'il affecte pour se rassurer, sa crainte des choses du sexe.

Je sais à présent que toi aussi tu as quelque chose de précis et d'impérieux entre les jambes. Bien sûr, je le savais depuis longtemps, mais de façon abstraite et désintéressée. Ces dernières années ont été celles de ma prise de conscience nette quant au sexe de l'homme.

D'abord, un jour, Dominique, un de mes flirts, que j'imaginais volontiers asexué, comme les autres, ou, du moins, que je n'imaginais pas sexué, a brutalement posé ma main au bas de son ventre. J'ai senti un contact étrange et répugnant, un relief mystérieusement agressif, et j'ai retiré vivement la main, comme sous la brûlure...

La première surprise passée (ma vivacité, preuve formelle d'inexpérience, m'avait fait un peu honte), j'ai amadoué à ma façon d'abord l'idée du sexe masculin, ensuite sa réalité, en explorant tout un été la culotte de Thierry. La visite, quotidiennement renouvelée, était prompte : je saisissais une tige assez douce, la parcourais un peu sur sa longueur (jamais plus de trois aller-retour) et la sentais peu à peu mollir; je l'abandonnais alors et retirais ma main, humide, poisseuse... Je ne me suis pas trop interrogée sur la ténébreuse alchimie qui m'humectait la paume, occupée seulement de la pensée que tu n'étais toujours pas là, car, c'est sûr, à la place de Thierry, tu m'aurais déshabillée, regardée, touchée, et c'est toi qui aurais eu la main mouillée...

Le pire de tout, c'est que jusqu'à présent, je n'avais pour ainsi dire qu'une connaissance « manuelle » de tes semblables.

Hier, Christine m'a passé en grand secret une collection de photos porno. Le choc que j'ai reçu me fait encore et me fera longtemps trembler. Je viens de réaliser que même de mon propre sexe, je n'avais pas une idée précise. Vivent les photos ! Vivent les glaces ! Je sais mieux qu'avant ce que j'ai à t'offrir, un palais nacré, une grotte de grenat et de rose opalescent, une bouche, un fruit, un coquillage, une blessure fraîche et voluptueuse dans ma fourrure noire. Et toi ! Et toi ! Je te veux comme tu as posé sur toutes ces images, puisque c'est toi, j'en suis certaine, le porteur de ces bites superbes d'obscénité. Ah ! Tu ne me regarderas pas seulement. Ton regard ne sera qu'une huile chaude dont graisser ma serrure secrète... Quant à la clef... Je ne verrai plus jamais un concombre ou un salami d'un œil innocent, plus jamais sans penser à toi, sans attendre passionnément que tu viennes glisser ton grand gourdin magique dans mon trou fait par toi.

Parfois, je jouis en serrant très fort mon traversin entre mes cuisses. J'aimerais que tu aies une queue grosse comme un traversin.

D'ailleurs, je suis sûre de te reconnaître à ce détail...

Viens vite, je me branle trois fois par jour, et je meurs d'impatience. Que ça doit être bon, l'amour d'un homme !

Automne 1970

Je suis ta veuve avant que d'avoir été ta femme. Je ne t'ai pas encore trouvé, et, pire, je t'ai perdu.

J'ai renoncé à l'idée de te rencontrer, de te connaître, de t'aimer. Mon père est mort. J'ai couché avec Charlie. Je coucherai avec d'autres. Mais c'est une femme que j'aime, et dont l'amour me porte, me garde, m'ondoie chaque jour.

Adieu, donc, mon fantomatique amant. Je désespère de te plaire jamais, et de jamais t'adorer. Charlie avait un truc fait comme sur les photos, mais je n'ai pas frissonné. Pourquoi? Aussi gros, aussi rouge. Moins brillant peut-être, moins vernissé, moins caramélisé. Et je n'avais plus de gourmandise. Il m'a fait mal.

Tous mes rêves te banniront désormais, homme blond resté ailleurs, et ta queue sucrée, fondante, ne bat plus son affolante mesure dans mon cœur, aux moments du désir.

Celle que j'aime te supplante de sa bouche et de ses mains.

Adieu.

A jamais.

La race de tes frères m'agace et me répugne.

Automne 1971

De loin en loin, je pense à toi. Je pense plutôt que je ne rêve. Où es-tu passé, homme blond et tendre, ironique et sûr de toi, au regard renseigné, à la main savante, à la bouche habile, au sexe de fer poli, homme, mon cher souci d'autrefois, ma chère attente, l'absent de mes jours?

Ton pouvoir érotique s'est usé. J'ai revu Yves. J'ai essayé avec lui aussi. Je ne le fais pas bander. Toutes nos tentatives sont désolantes. Sa queue de coton s'écrase à mon vestibule hostile. A force d'essayer, nous nous meurtrissons tous les deux.

Les autres font à peine mieux. Je les oublie aussitôt que testés. C'est leur nouveauté qui me tente, et pas même l'espoir.

Va, tu es bien mort. Repose en paix, avec ton inutile bite couchée sur des jambes que je ne caresserai pas, puisque les cuisses douces de ma blonde ne connaîtront jamais de rivales.

J'ai vu un film porno avec mon frère et des copains. J'étais pétrifiée d'impassibilité. Rien n'a vibré en moi. Ah ! La bite de l'homme n'aura battu qu'un court instant sur le tambour de mes émois...

Homme, cadavre sec de toute jouissance, fruit de bois à ma bouche assoiffée, ta chair ligneuse distillera sa sève pour d'autres que moi. Je ne suis pas née femme pour boire à ta source égoïste.

Automne 1972

... Et pourtant, j'y ai bu, sans plaisir grandiose, et ramenée seulement par une curiosité banale. Je suis enceinte.

Homme blond, mon amour fané avant que d'avoir fleuri, tu seras père par contumace. Et l'enfant sera brun, ça, j'en suis irrémédiablement sûre. Il sera le fils d'un mort, d'un porté disparu, d'un dieu blond d'indulgence et de lascivité. Et moi, comme une vierge que tu n'as pas effleurée, je le porte, petit encore, et déjà arrogant.

J'ai eu envie de vomir tout l'été, et n'ai craché

qu'une fois. Au début, j'ai abominé ta sève et ses productions malignes. Aujourd'hui, je me réjouis d'avoir accueilli en mon sillon une graine vagabonde. Que viennent les moissons. Mon enfant sans père aura deux femmes à ses petits pieds tendres, et s'il me pose des questions, je lui parlerai de toi, trop tôt en allé.

Homme blond, amant de cristal, seul père avouable pour un petit enfant brun abreuvé de tendresse féminine. Lui et moi célébrerons ton culte, je ne lui avouerai jamais que, jadis, je te montrais ma chatte dans la cave.

Automne 1973

Juste pour te donner des nouvelles de l'enfant dont tu ne sais rien encore. C'est un petit mâle délicieux : bien sûr, brun. Nous avons des égards pour sa virilité, que je pomponne spécialement, et que je décalotte souvent. Tout doit marcher à la perfection. Un jour, une fille rêvera de lui, homme brun et chaud devant qui s'écarter et mourir de plaisir. J'espère qu'il sera au rendez-vous, lui.

A la clinique où il est né, on n'a pas voulu qu'une autre femme — ma compagne — pénètre dans la salle d'accouchement. C'est à cet instant que j'ai pensé à toi.

Il eût été tellement plus simple que tu sois là... Mais personne ne t'a cherché du regard. On a fait semblant de croire que ce ventre avait gonflé tout seul. Ou alors, on a admis l'hypothèse du dieu blond, un dieu suédois au regard clair, engrossant une brunette. Mais personne ne s'est signé, personne n'a crié au miracle. Moi, j'avais autre chose à faire que prêcher la bonne nouvelle. Dommage. J'ai bel et bien cessé de rêver à ta queue. Mais ce jour-là, il y a eu un petit sale moment où j'ai rêvé à ta main. Dans la mienne. A serrer très fort.

Tant pis.

Automne 1974

Mon Dieu ! Mon Dieu ! Et si c'était toi ? Réponds, réponds ! Est-ce toi ? Il y avait bien longtemps que j'avais abandonné tous les avis de recherche. Et d'ailleurs, je t'en voulais. Un lapin de tant d'années ! Je m'affole peut-être un peu vite, car enfin, rien ne presse... Mais...

Il est blond, comme toi. Blond, yeux bleus, voix douce, un peu tendre, un peu triste, un peu gai... Au début, il m'a abordée. Comme tu aurais dû le faire depuis longtemps. Il est venu à la maison, il a tout vu d'un œil calme et sage : elle, l'enfant, nous... Il était timide, aussi. C'est pour ça que j'hésite. Tu n'étais pas si timide, pas si réservé, pas si mystérieux. Mais je me dis que tu as vieilli, et que peut-être tu regrettes ton long retard... Si c'est toi, penses-tu qu'il est trop tard ?

Moi...

Moi, je ne sais pas trop ce que je pense. Il est venu dans mon lit, hésitant et sur la pointe des pieds, sans forfanterie. Il s'excusait presque, et sa bouche douce à mon oreille n'a rien exigé, et je n'ai su que me creuser un peu, du flanc, du ventre, pour l'accueillir d'abord contre moi, puis en moi, très vite et assez mal, puis à nouveau contre moi, échoué, comme meurtri. Tu étais plus vaillant que cela il y a... six ou huit ans. Change-t-on à ce point en si peu de temps?

J'ai hésité longtemps, cette nuit-là. Sa caresse dans mon sexe paresseux n'avait rien de la fête rêvée quand je berçais ton fantôme entre mes cuisses chaudes. Et pourtant, sa reconnaissance, et sa ferveur, et mon cœur qui soudain, s'est mis à tambouriner d'espoir et de tendresse... Et cette envie de l'étreindre et de le garder, qui m'a prise quand il s'est relevé, quand il a tourné dans la chambre, torse nu, à la recherche de ses cigarettes, ébloui et chancelant comme sous l'effet d'un vin puissant... Ses jolies épaules rondes et blanches éclairaient ma nuit de deux clairs de lune suaves, et j'aurais voulu mordre à sa chair bien après que l'heure tardive et le remords nous eurent séparés...

C'est peut-être toi, c'est peut-être toi! J'ai trouvé à pleurer contre son pull-over de laine, dans ses bras fermés sur moi, sous le souffle chaud de sa bouche raisonnable, tout le triste bonheur d'une femme que l'on quitte à regret, parce qu'il le faut.

Dis-le, si c'est toi! Manifeste-toi! Le dieu blond d'une Suède légendaire est peut-être de retour, là, à ma porte, avec un fardeau d'années et de souffrances sur ses bras nacrés, et je ne le ferais pas entrer! Et s'il m'avait cherchée, aussi, de son côté? Et s'il avait haleté dans l'ombre en brandissant, pour une brune absente, une queue en flammes? S'il avait inventé la couleur de mes cheveux et de mes yeux, la saveur de mon baiser, et l'audace de mes gestes, mes doigts serrés en bracelet sur sa verge tendue, et mes soupirs, et mon cri? L'ai-je déçu? L'ai-je comblé? M'as-tu reconnue pour tienne, suis-je celle que tu as longtemps désirée, longtemps appelée dans la moiteur des draps et des rêves, as-tu envie de me faire somptueusement l'amour, comme à la dame de tes plus chères divagations?

Mon amour blond, que toutes les prophéties me viennent de ta bouche... Je m'apprête à souffrir, car tu arrives trop tard. Avant de nous aimer, si jamais nous nous aimons, tout se devra payer, et je marche au supplice avec une joie que l'épouvante ne ternit pas.

Automne 1975

J'ai cru longtemps m'être trompée. Encore aujourd'hui... Homme blond, tu t'es dérobé des années, et puis des mois encore tu as joué avec mes rêves. Le rayon bleu de tes iris a passé sur nos jours, et le myosotis a fleuri dans ma vie quand je n'y croyais plus. C'est une fleur gracieuse, tendre, mais éphémère. Elle a été fanée aussitôt que fleurie; ton fantôme pâle a reculé, reculé, s'est effacé, et je suis restée bête, avec du bleu, des bleus à l'âme, et quelque part en moi, blessée, foulée, une gerbe de blé où l'on s'était couché, blonde comme tes cheveux, et jamais relevée...

Et puis, nouveau printemps, nouvelles cueillettes, à nous les bleuets, les fleurs des poètes, les rêves d'amour, le temps des cerises, la chanson des blés d'or...

Juin ramène au creux de mon lit ta blondeur ensoleillée, le frisson d'eau bleue de ton regard humide, et je t'accorde toutes les permissions, une main à ton cou pour m'accrocher, ou te retenir... Tu as un bel épi mûr pour moi, et lorsqu'il éclate, j'hésite à parier s'il s'agit de semailles ou de moissons.

Mon ventre a décidé à ma place. J'ai gardé ta semence, et l'enfant, cette fois, sera blond. Ma vie devient un rosier, dont une de plus belles roses n'est encore qu'en bouton. Mais, gare aux épines!

Tu ne veux plus à présent, homme blond, me quitter, mais pourquoi ta colère m'émeut-elle plus fort que ton sourire? Et d'ailleurs, souris-tu si souvent? Sous ma robe, il y a un petit, à ma main un autre, et tu les veux tous les deux, avec la mère, par-dessus le marché. N'oublies-tu personne? Il n'est pas digne d'un dieu, fût-il scandinave, d'avoir de ces absences...

Tu me fais jouir fort quelquefois. Mais pleurer tellement plus fort, la nuit, si tu savais...

Automne 1976

M'as-tu fait cette petite bonne femme-là, cette petite blonde, pour remplacer l'autre, blonde aussi, et que tu ne supportes plus à mes côtés? Homme méchant, homme égoïste, homme grognon, d'humeur et d'exigence, fantôme d'homme, je cours après ta chaleur, ta douceur, la sécurité de tes bras, l'indulgence de ton regard, la saveur de tes audaces. Notre vie, tu la veux plate et banale, dépouillée de scandale, et tu ne te rends pas compte : tu es celui par qui le scandale arrive, et la douleur ensemble.

Allez ! Je n'ai jamais aimé qu'un fantôme. Tu manquais encore à l'appel quand la petite est arrivée. Affaires de femme...

Il y en avait une à ma gauche, la sage, une à ma droite, la douce, une troisième qui pointait un crâne minuscule mais torride sous mon pubis à la torture, et puis un vulgaire mécanicien, là-bas, tout au bout, occupé à des problèmes de tuyauterie.

Comme elle te ressemblait en venant au monde ! Un vivant reproche...

J'ai failli mourir de tes maussaderies, et tu n'as rien vu... Et maintenant, me trouves-tu bien vivante ? Bien gaie, bien dynamique, bien mordante, à tes côtés ?.... Les blés de ta chevelure ne suffisent plus à mon horizon mutilé. Je te trouve un air méchant. Il faudra que tu laisses pousser ta barbe. Peut-être qu'avec plus de poils, tu me rappelleras davantage un dieu nordique que j'ai beaucoup attendu, et beaucoup prié.

Une année scolaire commence. Reste avec nous. C'est elle qui partira. De toute façon, tout est abîmé.

Où est mon petit homme dégueulasse à qui j'avais envie de donner des spectacles enivrants ? Je ne sais même pas faire la pute dans ton lit. Et pourtant ta queue me contraint à la volupté. Il y a quelques mois, tu m'as forcée où personne jamais n'était passé. J'étais heureuse d'être vierge pour ton assaut, vierge et martyre, vierge et tordue de plaisir nouveau. Mais ma bouche a gardé les ordures démentes que j'aurais voulu hurler, et mes gestes ne s'égarent pas vers des folies lubriques. Je me contente de me laver, avant la nuit, plus soigneusement que d'habitude, si soigneusement que soudain, je repense à mon père... J'ai peur que, comme lui, tu ne me trouves sale. La merde sera toujours mon ennemie, et tes pratiques magnifiques de délices ne sauront m'y réconcilier.

Viendra-t-il un jour où je serai enfin putain pour un jeune dieu slave?

Sitôt l'amour fini, je reviens de mes éblouissements muets, ou à peine gémis, pour retrouver en toi l'homme que je commence à haïr... Quand tu aurais tant besoin d'amour...

Tu n'es qu'un enfant de plus, le plus grand de ma portée, mais toi je te renie, je t'abomine, je n'ai pas de lait pour ta bouche menteuse qui m'a promis le bonheur et la paix.

Automne 1977

Une cérémonie vulgaire m'a unie à toi cet été. Je ne me sens pas mariée, pas engagée, pas émue. Seulement coincée.

J'avais sans doute rêvé, comme toutes les petites filles, de grande fête, de robe blanche, de bouquets, de nuit de noce. Tout était raté d'avance. Les seules fleurs que j'ai eues sont des roses trémières que j'ai piquées dans une pastèque à la veille du sacrifice. Et je crois même que j'en ai gardé une. Autant garder un chrysanthème.

Ma vie n'est qu'une douleur chronique et une suite

de mauvaises humeurs. Je ne sais même plus si j'aime mes enfants. J'ai l'impression de les assumer seule.

Et je ne jouis plus.

Avant l'été, j'ai fini par coucher avec ce collègue si compréhensif qui essuyait mes larmes tous les jeudis matin. J'ai un peu pensé à lui pendant les vacances. A la rentrée, il me signifie que tout est fini. Je pense seulement que « tout » est un bien grand mot.

Avec toi, cependant, rien n'a commencé. Je désespère. Il y aura d'autres hommes. Vous êtes, hommes, interchangeables. Seule la femme que j'aimais est unique. Personne, jamais, ne la remplacera.

Automne 1978

Les autres hommes me consolent de toi : je te trouve mieux. Mon deuil s'apaise sans s'oublier. Je ne te parle plus de mes peines, elles t'endorment le soir. Je n'en parle plus à personne. J'évite seulement de boire en société, ou d'écouter des chansons tristes...

Je deviens peu à peu ta femme. Madame Tout le Monde. Je te trompe sans plaisir, avec la consolation de croire te choisir chaque fois.

Mon dieu blond s'est bel et bien refondu dans les brumes scandinaves. Il ne t'a laissé que sa barbe, et quelquefois, un instant de grâce où tu me parais beau, désirable, chaud, vivant, gentil.

J'appelle ça « avoir mes voix ».

Automne 1979

C'est cette année que je te parlerai d'avoir un autre enfant. Tu prendras l'air embêté, et tu diras : « Non, pas encore. »

Automne 1980-1981

Rien. Tout t'absorbe sauf moi. J'absorbe ailleurs. Contente de partir le matin, contente de rentrer le soir. Je m'imagine que ça s'appelle le bonheur. Avec de temps en temps une petite déprime. Je n'ai jamais été solide. Les enfants grandissent. Ouf! On se dispute, on se boude, on se réconcilie. J'ai souvent l'impression de te peser, de te contraindre, de t'ennuyer. J'ai souvent envie que tu partes ou que tu meure. Et pourtant je t'aime bien. Je te déteste bien aussi.

Automne 1982

Juliette est née. Elle n'aura pas de père. Une de plus ! Sa mère sera moins seule, et mes remords moins vifs. Ou plus? J'arrête de réfléchir. Tu es de plus en plus loin. Moi aussi. Apparemment, chez nous, c'est plus harmonieux qu'avant. Cet hiver, nous le ferons peut-être, cet enfant. On paye trop d'impôts.

Automne 1983

Nous l'avons fait. Et défait. J'ai pris la rubéole à trois mois de grossesse. Tu es devenu fou d'angoisse. Entre les premiers boutons et le verdict de sa mise à mort, j'ai porté mon petit condamné deux longues semaines. Tu ne le touchais plus. Déjà qu'avant tu ne le touchais pas beaucoup... J'avais envie d'hésiter, de réfléchir. Tu avais hâte de t'en débarrasser. Quand ils ont crevé l'œuf, tu n'as pas demandé à venir avec moi dans la salle de torture. Seras-tu toujours absent de la naissance et de la mort de tes enfants? La douleur nous a crucifiés, lui et moi. C'est ton frère qui est venu me chercher à l'hôpital. Tu avais ton travail. Malgré ta gentillesse et ton air embêté, tu m'as inspiré une haine sournoise qui n'a vraiment fleuri qu'après.

La visite de contrôle de cet été nous a ramenés tous les deux seuls dans notre grande maison chauffée par un juillet torride. Tout était sinistre, et surtout toi. Tant pis pour le jeune homme blond... Si on me montre un homme gai, un homme drôle, fût-il noir de poil et de peau, je ne réponds de rien...

Il y a devant la maison un buisson échevelé de roses bohémiennes et exubérantes. Elles sentent si bon, elles embaument si fort que chaque fois que j'en cueille, je pense à ce petit garçon sourd et aveugle qui hurlait sa terreur quand on m'a l'a arraché du ventre.

Mais je me dis que c'est bien peu, le parfum des roses, pour un petit garçon qui ne les aurait jamais vues. Surtout qu'elles sont bourrées de cruelles épines.

J'ai rendez-vous vendredi à la clinique de Villefranche. Plus d'enfant. Celui qui m'arrive est malvenu. J'ai décidé toute seule, et tu es d'accord. Il sera privé de roses aussi. Il n'y a pas de raison. Ce serait trop facile de ne punir que les malheureux. Tu dois m'emmener là-bas tôt le matin. Bien sûr, tu ne resteras pas toute la journée avec moi.

Le gynéco qui doit m'avorter m'a passé un savon déplacé. Bien sûr, tu n'as rien dit.

Bien sûr, à force, je finis par ne plus croire du tout à la mythologie scandinave. J'avais fait, comme dirait Sagan, des châteaux en Suède. Maintenant, j'erre dans des ruines, à la recherche des oubliettes.

Automne 1984

Ma mère est morte. Quand je vous ai vus arriver, les enfants et toi, à l'enterrement, je me suis sentie émue aux larmes. Tu les avais préparés pour cette fête sinistre où j'ai peut-être été la seule à me réjouir. Vous étiez graves et beaux, tous les trois, deux chevelures blondes, une brune : j'ai compris que je manquais au tableau, que nous étions indissociables comme les quatre coins d'un carré. Ta gentillesse pour moi a réchauffé ma tendresse, qui tiédissait languissamment, insidieusement. J'ai eu envie, par contrecoup, de vivre intensément, avec toi, avec vous, de vivre un grand bonheur, un grand amour, et je me suis préparée, dans le secret de mon cœur, à te faire cet enfant dont tu recommençais à parler très pudiquement.

Automne 1985

Alain insiste pour me voir. C'est flatteur de sa part. Je ne dirais pas non, pour cela, et aussi parce qu'il est ton opposé absolu. Je n'ai pas l'impression, cependant, qu'il te nuise. Au contraire.

C'est drôle comme finalement, je cherche encore à te trouver extraordinaire. Et pourtant, ce n'est pas si difficile de te préférer à Alain : il est beau et séduisant, mais il fait trop mal l'amour... Tandis qu'avec toi, le numéro est archirôdé et inratable. Oh ! Bien sûr, ce n'est pas très souvent, et ça ne dure pas très longtemps, et ça ne varie pas beaucoup, et après, tu ne te montres guère tendre et... j'ai l'impression que ça t'a plu modérément, mais, enfin, c'est encore avec toi que je jouis le plus, le mieux. Un peu comme si je me le faisais toute seule... Au fait... Est-ce que ça s'appelle bien « faire l'amour » ? Ne serait-ce pas plutôt un cas typique de masturbation à deux ?

Nous revenons d'un séjour en Tunisie tous les deux. C'était agréable, et pourtant... Il me semble qu'il a manqué une complicité profonde entre nous. Quelque chose d'exaltant, de passionné. Notre couple est vide de résonances magiques, de racines souterraines.

Mes enfants meurent de plus en plus jeunes. Le dernier en date, celui auquel j'avais pensé l'année dernière, n'a pas même vécu un jour. Une paresse égoïste, une tenace inertie, et surtout l'angoisse de me donner encore des raisons de te détester, m'ont retenue quand j'aurais dû aller faire enlever mon stérilet. Ce stérilet est un garde-fou formidable, un garde enthousiaste, un garde optimiste. Il est facile de jeter sa plaquette de pilules sur un coup de cœur. Pour programmer un enfant quand on a l'ovule sous la féroce protection d'une tringle de cuivre, il faut en avoir envie plus de dix minutes à la fois. Au moins jusqu'aux prochaines règles, et jusqu'au rendez-vous du gynéco qui vous délivrera du geôlier métallique... Mon dernier né, mon dernier non-né, est resté abstrait, idéal en fait, derrière les barbelés. Stérilet, camp de la mort des petits enfants qu'on espère sans les appeler... Il paraît qu'il y a des miracles. C'est tellement plus reposant d'y compter vaguement...

A moins qu'un papa n'écrive une pressante et précise supplique au Père Noël, à moins qu'il n'en rêve follement, jusqu'à en débuter une grossesse nerveuse... Ce qui ne fut jamais ton cas.

Je reverrai donc Alain et ses grâces qu'argente une brillante quarantaine. Vous avez le même âge. Tu parais plus jeune que lui, mais il est moins vieux que toi.

Automne 1986

Toutes mes données sont bouleversées. Alain est brun, gai, drôle, charmant. Il y a longtemps que je lui ai pardonné, sans rien faire pour l'en guérir, sa maladresse à me caresser, à me prendre. J'en suis vraiment tombée amoureuse à la Noël. Ça m'embêtait. J'ai décidé de réagir. Mais il a eu une façon de s'avouer, à son tour, vaincu, qui m'a bouleversée.

Et toi? Toi, pendant ce temps? Ailleurs, toujours.

Parti de la maison de plus en plus tôt, rentré de plus en plus tard... Toute l'année, j'ai pensé qu'il y avait des femmes, ou, plus grave, une femme. Tu n'as pas cherché à me détromper. Alors voilà. Notre mariage est un contrat tacite de libertés respectives. Ça va comme ça. Mais j'aimerais que tu sois vraiment là quand tu fais semblant d'y être.

Cet été, j'ai eu des nausées d'indifférence mal supportée, de silence étouffant, d'aveuglement volontaire. J'ai eu envie de te quitter. Tu l'as peut-être senti. L'idée que je pourrais me séparer de toi te fait instinctivement te battre, fermer les bras sur moi, devenir attentif. Attentif... Il est trop tard ! Bientôt, je le sens, l'heure va venir du scandale, des pleurs, du drame. Moi, j'ai déjà du galon. C'est pour toi que je m'inquiète. Et pour les enfants. Pas assez petits pour me fermer la bouche, pas assez grands pour ouvrir les yeux. Je vous aime tous les trois, ensemble et séparément, mais un homme est venu, et s'est attardé plus qu'il n'était coutume. Je sens qu'il compte dans ma vie, qu'il comptera encore et longtemps. Non pas qu'il aura compté. Je bannis ce futur antérieur expéditif. Je ne veux pas finir avec lui ce que je n'ai peut-être pas commencé avec toi.

Advienne que pourra...

Hiver 1986-1987

L'heure de vérité a sonné. Tu ne sais pas tout, mais tu sais l'essentiel. Tu as décidé de te battre. Tant mieux. Je ne l'espérais pas vraiment, mais tout m'était trop facile. J'ai voulu comprendre exactement à quel point tes absences étaient permissives.

Il paraît que j'ai tout faux. Rien compris, jamais. Ce ne sont pas les femmes qui te retenaient loin de chez nous, de mes bras, de notre lit. Pas même une femme. Ce n'est rien que ton travail et ton indifférence. C'est pire que tout. J'en crève de dépit.

Pendant ce temps, tu fais subir à mes affaires une fouille méthodique. J'ai vaguement envie de me révolter parfois. Et puis... A quoi bon? Tu as entrepris une campagne de rénovation. Tu rénoves tout, ton emploi du temps, tes préoccupations, ton comportement, et même ton apparence. Tu parviens à être gentil, compréhensif, chaleureux et présent la plus grande partie du temps. Et l'amour!... Ah! J'y ai gagné, pour sûr! Il y a longtemps que j'aurai dû t'avouer mes fredaines. Ça aurait réveillé plus tôt le jeune dieu endormi, tu sais, mon séducteur du temps passé, le petit blond si délicieux?... C'est curieux comme ce qui m'a le plus frappée, dans ta « rénovation », c'est cette décoloration de tes cheveux, ce blondissement stratégique... Revoilà la Suède! Oui, mais... Il ne me sera pas si facile, désormais, de borner mon regard à tes seules blondeurs. Je sais des mèches brunes, cousues de fils d'argent, dans lesquelles ma main fourrage à présent avec la sérénité d'une habitude heureuse...

Pourtant, tu me plais ainsi, combatif et renseigné. Avec ce charme nouveau, ambigu, inexplicable, cette parure mystérieuse que représente le regard d'une femme, d'une autre femme, sur toi. Tu ne m'as rien dit, seulement laissé entendre, mais je te trouve plus désirable parce que je te devine désiré ailleurs. J'espère que mon manque de jalousie ne te blesse pas. Ça deviendrait vraiment trop compliqué.

Printemps 1987

Tu es revenu du Mali en m'avouant une rencontre, une brève aventure avec une fille de là-bas. Il paraît qu'elle était belle. Je me plais à imaginer une déesse d'ébène hypnotisée par tes clartés, vos contrastes, vos moiteurs, vos étreintes, tes mains blanches sur sa peau brune, ses jambes de bel acier sombre, nouées à ta taille pâle, et vos bouches jumelles, fondues dans un baiser sans race. Je te crois plus blond d'avoir aimé cette négresse, plus précieux, plus suave, et je suis amoureuse de ton fantôme, tendre, un peu hagard, et que devait argenter la belle aube africaine au moment des adieux...

Ah ! Reviens-moi souvent après ces fêtes-là ! Anobli de nouvelles victoires, parfumé d'exotisme, avec au fond des yeux cette assurance trouble, cette fierté sans nom d'avoir été choisi, convoité et conquis, et d'avoir échangé, plus aisément que des mots, le capricieux plaisir qu'on ne commande pas.

Aucune femme, à mon regard, ne saurait te ternir, si tu la quittes pour me revenir... Et... si tu ne la quittais plus ?... Alors, c'est que, peut-être, le bonheur t'attendait ailleurs.

Mon absence de jalousie s'accommode de fatalisme. Je crois que tu as essayé un jour de me démontrer qu'il s'agissait plutôt d'une absence d'amour, d'une sorte d'indifférence. Je conçois assez mal un amour à ce point exclusif, tyrannique, égocentrique, qu'il me dicterait tel discours : « Reste avec moi, ferme les yeux, ne vois pas cette femme qui est belle, ni cette autre qui te regarde et t'espère. Aucun plaisir sans moi, aucun trouble, tu ne dois plus séduire que moi... » Et la concurrence alors? Et l'émulation? Et le terrible et délicieux frisson du doute? Et le bonheur de savoir encore te plaire, parmi d'autres, et mieux qu'elles?

Avant notre départ en Espagne, tu me parles de Gisèle. Ta voix se fait douce, et douces tes intonations. Il y a quelques mois que votre liaison dure. Je ne le savais pas. Tant mieux. Puisse mon ignorance guérir tes plaies d'amour-propre. Cette femme est la bienvenue dans notre vie. Son prénom a des vertus lénifiantes sur nos dialogues.

En Espagne, nous y ferons souvent allusion. A Alain aussi. Ce qui a débloqué vraiment les mots, c'est ce « coup du téléphone piégé », que tu as enfin confessé. Ma haine des stratagèmes d'espion me débâillonne. Je souffre de ne pas posséder assez de mémoire pour tout te dire, dans les moindres détails. Je t'ai souvent pris pour un sale type. Maintenant, il me semble que tu es aussi un type sale. Je serai à la hauteur! Bizarrement, l'ordure nous rapproche. Peut-être que, pour la première fois, nous nous voyons vraiment tels que nous sommes, et nous nous aimons de même. La fin du séjour s'enrichit d'une complicité nouvelle : avons-nous encore quelque chose à nous cacher? Tes odieux procédés pour t'emparer de ma vie privée n'obscurcissent pas tes charmes. Au contraire. Tu es une espèce de salaud tendre et imprévisible, qui baise bien.

J'envisage avec toi un avenir serein. C'est peut-être la première fois. Adieu les châteaux en Suède ! Oui, mais... en Espagne, est-ce que c'est beaucoup plus durable ?...

Aujourd'hui

Je vois Alain souvent. Tu m'en veux de te le taire, et de te le dire. Rien n'est stable de nos espoirs ni de nos sentiments.

J'ai failli faire enlever mon stérilet il y a dix jours. Pas changer. Enlever. Heureusement que je suis irrésolue. Tu ne veux plus parler d'enfant pour l'instant. Le terme est approprié. Nos désirs d'enfants sont question d'instant.

D'instant en instant, cependant, je vieillis et me donne des raisons de plus de douter, de refuser. Tant pis.

Nous avons en commun une maison à acheter, et des gosses qui grandissent. De vieilles blessures jamais fermées. De plus fraîches encore béantes. L'envie de les triturer, de les exhiber, de les dorloter. Le besoin de plaire et de posséder, sur nos semblables, un pouvoir magique.

Et puis, l'un pour l'autre, je crois, une tendresse et une rancune qu'on ne rassasiera pas, exigeantes toutes deux, toutes deux enivrantes en des moments divers.

Une façon de dépayser, en faisant l'amour avec

l'autre, le mal qu'il a causé, et de compenser toutes les douleurs qu'il a pu dispenser par une volupté facile, et la certitude, unique et si précieuse, qu'il est le seul, le meilleur à notre corps, le plus fou, le plus divin, le plus savant à engendrer le plaisir, le plus fiévreux à le subir.

Reste encore l'espoir de nous rencontrer un jour, pour de bon, et pour toujours, de nous choisir, de nous charmer, de nous suffire et de nous devenir indispensables. Quel chemin faudra-t-il encore parcourir, et combien de déchirures encore, combien de découvertes nous y attendent, combien d'hommes et de femmes comme autant de nécessaires étapes, combien d'amertume, et peut-être de départs, et peut-être de retours?...

Tu as raison : j'ai dit trop souvent « Il est trop tard. » Je le sais à présent, il n'est jamais trop tard. Homme blond, mon compagnon, mon ennemi, mon frère, tu fais quelque part partie de ma vie et de mon destin.

Je te dois d'être ce que je suis, amoureuse et rebelle, parce que tu m'as ensemble aimée et torturée, et belle, depuis que tu m'as regardée. Et moi? T'ai-je un peu fabriqué, à ma manière douce et violente, avec mes tendresses et mes duretés, avec mes courages et mes lâchetés? Nous n'avons pas fini, il me semble, de façonner notre œuvre. Donnons-nous le temps, et la mansuétude qui nous fit si souvent défaut.

Homme blond, mon compagnon, mon ennemi, mon frère, les orages ont mouillé le seuil de la maison. Mais dedans, plus loin, il fait chaud, et bon, et sec. Viens à la porte respirer avec moi ce parfum de pluie qui faiblit, de trottoir fumant sous l'averse, et d'herbe hâchée par le grêlon. Rien n'est encore fini, mais déjà tout s'apaise.

Homme blond, j'attendrai avec toi le retour de l'été si tu prises ma compagnie, et si ton bras à mon cou ne se fait pas trop lourd. Et je reviendrai moi-même, comme une bête faussement vagabonde, me couler dans l'arrondi de ce bras, de ce collier de chair, qui saura me protéger sans m'écraser jamais.

Homme blond, mon amour... D'un rêve à l'autre, tu te ressembles. A peine vieilli, à peine marqué par vingt ans passés à te trouver, à te perdre et à te rechercher encore... Et moi, qui ai grandi, j'ai gardé des trésors pour ta bouche gourmande, tes mains douces, ta queue de velours, et le clair azur de tes yeux, que fonce à peine la palpitante approche du plaisir. Que ces yeux-là toujours me voient avec bonté !... Si je ne la mérite, du moins je la souhaite... Pardonne-moi donc de terminer ces pages, qui devaient être un cadeau, par une prière... Sur le seuil où nous nous tenons pour contempler un nouveau jour qui naît, la modestie est de mise, et la confiance, et la ferveur.

Homme blond, mon amour, commençons à nous aimer...

Achevé d'imprimer par GGP
en août 1996
pour le compte de France Loisirs, Paris

Dépôt légal: août 1996
N° d'édition: 27293

Cet ouvrage est imprimé
sur du papier sans bois et sans acide.

Imprimé en Allemagne